JN323637

自治体国際政策論
～自治体国際事務の理論と実践～

楠本　利夫

公人の友社

はじめに

本書の目的

　本書の目的は、地方自治体[1]の国際政策を、わかりやすく体系的にまとめ上げ、自治体国際事務処理の入門書とすることである。自治体の首長、議員、地方公務員、教員、国際交流協会職員、NGO・NPO職員、自治体国際交流に興味を持つ住民等に広く読んでいただきたいと願っている。

　地域社会の国際化に関する書物は数多く出版されている。それぞれ立派な書物であるけれども、市町村職員向けに国際事務の理論と実践を体系づけた入門書は少ない。このことが、筆者が本書を執筆した動機の一つである。

　「自治体国際政策」とは聞きなれない言葉である。そもそも自治体に国際政策は必要なのかと言う人もいる。

　長洲一二神奈川県知事が、1975年に、「国に外交政策があるように、地域社会も独自の国際政策を持ち、世界中の市民と交流、連帯すべき」との「民際外交論」を提起してから40年近くが経過した。この40年間に、グローバリゼーションの進展、外国人住民の激増とその国籍構成の劇的変化、地方分権、市町村合併、NPO法人の登場等、自治体を取り巻く環境は激変した。

　グローバリゼーションの進展は、自治体を新たな行政課題に直面させた。外国人支援NGOからの、在住外国人への支援要請もある。財政ひっ迫、人材不足、情報不足等の制約条件の中で自治体は施策を模索している。自治体を取り巻く国際環境が根本的に変わったいまこそ、自治体に新たな国際政策論が求められているのである。

　全国の自治体に「国際交流担当課」が設置され、「国際交流協会」が作られて久しい。担当職員に「あなたの自治体はどんな仕事をしていますか」と質問すると、答えは判で押したように、「姉妹都市交流、青少年海外派遣、在留外国人支援」である。それだけでいいのだろうか。

　いうまでもなく、自治体の存立目的は、住民福祉の増進（地方自治法第1条

の2）であり、自治体が行う施策はそのための手段にすぎない。自治体の国際政策も他の施策と同様に、住民福祉を増進させるための手段なのである。けれども、自治体の第一線で国際事務を担当している職員の中には、国際事務を実施することそのものが「目的」であるように考えている人もいないわけではない。

　なぜ、目的と手段が混同されるのか。理由は、かつて「国際交流をすることはいいことだ」として、国際交流そのものを目的としていた時代があったことである。また、国際事務を担当する自治体職員のグローバル・リテラシー（国際対応能力）にも問題がないわけではない。自治体職員は定期人事異動で、ほぼ3年ごとに職場が代わるため、専門家が育たないことも理由の一つである。自治体は、グローバル化時代に対応して、国際事務を円滑に遂行できる能力を持つ職員を育て上げる体制を作らなければならない。

　筆者は、神戸市において33年間勤務し、国際事務を第一線で担当してきた。筆者が実際に担当した業務は、海上都市の国際街区計画、インダストリアルパーク計画、外債発行、博覧会外国出展誘致、ポートセールス、コンベンション都市企画、姉妹都市交流、わが国自治体初の中国常駐事務所開設協議と初代所長、国際交流協会役員、神戸市の国際事務の統括等である。

　2002年に神戸市を定年退職した筆者は、大学教員に転身し、地域国際関係、自治体国際政策等を研究し、また国際交流センター長として、海外大学との提携、留学生受け入れと派遣、語学研修等を担当してきた。さらに、近隣自治体の求めに応じて、複数の市の国際交流検討委員会等の座長等を務め、自治体の国際化を支援し、また、国際交流協会役員として実際の国際交流業務に直接関与してきた。

　本書は筆者の自治体、大学、地域国際交流協会、地域社会における国際事務の実践と研究の集大成である。本書で、自治体を取り巻く環境の変化の中で、自治体が国際事務を円滑に処理するための処方箋を提供したいと思っている。

　筆者の処方箋は、一言でいえば、自治体の国際事務の事業評価と事業仕分けを行い、事務に優先順位を付け、行政と住民が連携し、住民の力を積極的に活用して国際事務を実施することである。国際事務を担当する職員のグローバル・

リテラシーの育成も不可欠である。

2012年9月、総人口の4分の1が65歳以上となった。かつて企業の国際部門等で活躍し豊富な経験を持つ高齢者が退職して自宅にいる。彼らは自治体の住民である。このような住民の力を、自治体の苦手分野であるといえる国際事務へ活用することは、住民に生きがいを与え、住民の行政参加につながり、行政の透明性を確保する効果もたらすことになる。まさに一石二鳥である。

グローバリゼーションの進展は、自治体が国際社会への発信力を高め、観光客誘致、MICE（会議、展示会、見本市等）誘致、企業誘致等により住民の福祉増進を実現するチャンスであるといえる。今こそ、自治体を取り巻く環境を冷静に見据えて、自治体の国際政策を議論する時である。

本書の要約

本書の内容は次のとおりである。

1　グローバリゼーションの進展が地域社会を変えている。90年代以後、自治体が外国と接する機会が増え、域内の外国人住民が急増し、その国籍構成も劇的に変化した。それまで、わが国の自治体の外国との交流は、姉妹都市提携による交流が中心であり、自治体が主体的、能動的に展開する対外交流は、特定の政令指定都市を除いて、ほとんど経験したことがなかった。また、自治体の外国人住民も、日本語と日本文化を理解して日本に定着している在日韓国・朝鮮人が圧倒的に多かったため、外国人をさほど意識することなく施策を展開してきた。いま、自治体は初めて直面する国際事務、外国人住民への施策に当惑している。

2　地方自治法は、「地方公共団体を法人」として「事務執行の主体」と規定し、住民に身近な行政は、国が行うのではなく可能な限り地方公共団体にゆだねるとしている。

本書では、自治体の事務のうち国際事務を、①外国と関係を持つ事務、②外国人住民と関係がある事務、と定義する。自治体の国際事務を遂行するための方針とその手段を、「自治体国際政策」と定義する。

筆者は、自治体の国際事務を、①国際交流・対外交際、②多文化共生、③国際経済施策、④地域国際協力に分類している。この分類は、2010 年に拙論[2]で初めて提唱した分類であり、従来、自治体が行っていた国際事務の分類とは基本的に異なっていることは、第 2 章で明らかにする。このように分類することによって、国際事務を目的別に整理することができる。筆者の提唱以来、この分類が定着しつつある。

3　いうまでもなく、自治体の存立目的は「住民の福祉」の増進であり、自治体の国際政策も、域内の「住民の福祉」を増進させるという「目的」を達成するための「手段」である。目的と手段を混同しているように見受けられる事例も決してないわけではない。

4　自治体は国際事務の展開に際し、まず、国際事務のメニューを揃え、個別事務の事業評価を行い、評価に基づいて事業仕分けをする。事業評価の費用対効果分析では当該事務が「地域益」実現にどれだけ効果があったかを見極める。地域益は、経済的利益だけでなく、文化的利益、教育的利益、国際社会におけるプレゼンス等も含め、総合的に評価しなければならない。

5　国際事務を、事務の性質により、「必須業務」と「選択業務」に分類し、それぞれの事務の優先順位をつける。昨今の自治体の財政状況は極めて厳しく、すべての国際事務を同一のレベルで遂行することは容易ではない。「あれもこれも」から、「あれかこれか」の選択が必要である。

6　さらに、国際事務を推進するにあたっての、自治体と住民の役割分担が必要である。すべての国際事務を自治体職員が実施することは現実的ではない。住民の力を積極的に活用して、国際事務推進における役割分担をすることによって、自治体は、限られた財源と人材を効率的に配分することができる。地域社会に貢献することは、住民に生きがいを与え、同時に、行政に関する住民の監視と行政の透明度の向上を図ることができる。高齢化社会で、シニア住民には長年の企業活動等で培ってきた能力と経験を自治体の発展に尽くすことに生きがいを持つ人も多い。

7　自治体の国際事務遂行にあたっての課題とその解決方法について考察する。もともと、自治体は姉妹提携による交流以外の国際事務はほとんど経

験がなく、グローバル・リテラシー（国際対応能力）を持つ人材を育てるための体制は必ずしも十分であったとは言えない。

8　90年代末から展開された地方分権推進の背景に、「変貌する国際社会への対応」「個性豊かな地域社会の形成」「高齢化社会への対応」等が挙げられている。続いて実施された「平成の大合併」の目的の一つに、基礎的団体である市町村の行財政力の強化がある。歴史的な大合併が完了し、市町村数が3,200（1994）から1724（2012.1）に激減した。転勤がない安定した職場で、地域に密着して住民の福祉増進という仕事をすることができる市町村が、若者の関心を集めている。市町村が能力のある人材を雇用することができる環境が整いつつあるともいえる。

　本書執筆にあたりお世話になった人たちと、私をこれまで暖かく育てて下さった人たちにお礼を言いたい。

　神戸大学元学長新野幸次郎先生には、学生時代から今日まで、筆者に暖かい指導をして下さっていることを、心からありがたく思っている。新野先生は、筆者が学生時代に、講義終了後先生を探してトイレまで追いかけたエピソードを今も覚えてくださっている。ありがたいことである。

　芦屋大学高橋征主理事長には、2004年に筆者が芦屋大学に勤務して以来、温かくご指導いただいている。浜本宏教授（現衆議院議員）からも知的刺激を受けた。

　立命館大学国際関係学部奥田宏司教授の指導に感謝している。立命館大学で、筆者が奥田学部長（当時）に「総領事リレー講義：国際社会の中の日本と関西〜関西駐在外交官の視点〜」「市町村長リレー講義〜わが町の国際政策を語る〜」開講を提唱した時、快く受け入れ積極的に支援して下さった。この講義は学生の人気講義となり、毎週、講義のため大学に来てくれる各国の総領事を囲んで、学生が親しく質問や意見交換した姿を懐かしく思い出している。

　立命館大学では、国際関係学部事務室の各務宇春さん、瀬戸優華さんにも大変お世話になった。

　神戸大学元副学長の神木哲男先生、神戸学院大学客員教授の崎山昌廣先生、

神戸外国人居留地研究会野沢太一郎副会長は、筆者に社会貢献の大切さを背中で教えて下さった。神木先生、崎山先生は 2011 年に立ち上げた芦屋学研究会の会長と顧問をそれぞれ快く引き受けて下さった。70 代後半の大先輩の背中から学ぶことは極めて多い。

　神戸大学名誉教授芹田健太郎先生は、筆者を研究生として 1 年間温かく受け入れてくださった。

　神戸市職員から甲南大学教授に転身され、地方行政の権威として著名な高寄昇三先生に、いつも励ましとご指導をいただいていることを感謝している。

　筆者の神戸市役所時代の上司である辻雄史さん、上川庄二郎さん、杉田文夫さんには、筆者を育てていただいたことに感謝している。特に、地方行財政論の泰斗である辻さんは、拙稿をあらかじめ読んでくださり貴重なご指摘を頂いたことを、ありがたく思っている。

　善意通訳ボランティア団体「神戸 SGG クラブ」(Kobe Systematized Goodwill Guides Club) 会長の梶野順子さん（芦屋大学図書館勤務）から住民の立場から見た行政の対応等について示唆に富む提言をいただいた。この団体は、2011 年に設立 30 周年を迎えた歴史ある団体である。梶野会長は面倒な校正も手伝って下さった。梶野会長に感謝している。

　多くの人たちのご指導とご協力で本書が完成した。お世話になった皆様に心からお礼を申し上げる次第である。

1　都道府県、市町村は、地方自治法では「地方公共団体」とされているが、一般に「地方自治体」と称される。「地方公共団体」という用語は、「公法学的にも、地方自治が憲法で保障される以前の戦前的ニュアンスを残している。（略）憲法で保障された地方自治主体は（略）国と並ぶ統治主体（一般的な政治・行政主体）として、「自治体」と呼び慣わすのが、憲法・行政法学の立場ではふさわしいように考えられる」（兼子仁『地方自治法』岩波新書、2001 年）。本書では「地方自治体」を単に「自治体」とする。
2　「市町村国際政策の事業仕分け〜施策の優先順位と行政と民間の役割分担〜」『国際文化研修 2010 夏 Vol.68』（2010 年 7 月、全国市町村国際文化研修所）50 〜 55 ページ。

目　次

はじめに ……………………………………………………………… 3

第1章　なぜいま自治体国際政策か ……………………………… 13

1　グローバリゼーションの進展と地方自治体 ………………… 13
2　なぜいま自治体国際政策か ……………………………………… 14
3　先行研究 …………………………………………………………… 18
4　神戸市の国際政策と筆者の略歴 ……………………………… 23

第2章　グローバリゼーションの進展と自治体国際政策 ………… 32

1　自治体を取り巻く環境変化 …………………………………… 32
2　国際関係のアクター ……………………………………………… 34
　(1) 国際関係のアクターとしての地方自治体 ………………… 35
　(2) 国際関係のアクターとしてのNGO・NPO ……………… 36
3　自治体国際化推進大綱 ………………………………………… 37
4　東京都の国際政策 ……………………………………………… 40
5　東京都内区市町村の国際政策 ………………………………… 42
6　自治体国際事務の分類 ………………………………………… 44
　(1) 国際交流（外国との交際、交流） ………………………… 45
　(2) 多文化共生社会の構築 ………………………………………… 48
　(3) 国際経済施策 …………………………………………………… 52
　(4) 地域国際協力 …………………………………………………… 56

第3章　自治体姉妹提携の意義〜自治体国際交流の原点〜 ……… 63

1　自治体姉妹提携 ………………………………………………… 63
2　市民が姉妹都市に対して持つ親近感 ………………………… 64
3　自治体姉妹提携の系譜 ………………………………………… 64
　(1) 沿革 ……………………………………………………………… 64
　(2) 姉妹都市の要件 ………………………………………………… 65
4　わが国自治体の姉妹提携 ……………………………………… 66
　(1) 姉妹提携の端緒と発展 ………………………………………… 66

目次　9

(2) 姉妹提携の現況 ……………………………………………… 67
　5　自治体姉妹提携の意義 ……………………………………… 70
　　(1) 姉妹提携の意義 ………………………………………………… 70
　　(2) 日中初の友好都市～神戸市と天津市～ …………………… 71
　6　自治体姉妹提携と政治 ……………………………………… 73
　　(1) 旧ソ連の自治体との友好提携～神戸市とリガ市～ ……… 73
　　(2) 国交がない国の自治体との友好提携 ……………………… 74
　　　　～鳥取県・境港市と北朝鮮・元山市～
　　(3) 自治体姉妹提携と政治～姉妹・友好提携の政治的利用～ … 78
　7　自治体姉妹提携と文化の違い ……………………………… 83
　　　～和歌山県・太地町とオーストラリア・グルーム市～
　8　自治体姉妹提携と地球市民 ………………………………… 83

第4章　自治体国際事務の優先順位と行政と民間の役割分担 …… 89

　1　自治体国際事務の優先順位 ………………………………… 89
　　(1) 国際事務の優先順位（緊急度、重要性等で判断）………… 89
　　(2) 事業評価と事業仕分け ……………………………………… 89
　　(3) 行政と民間の役割分担と連携 ……………………………… 90
　2　自治体国際事務の分類、事業仕分け、行政と民間の役割分担 ………… 91
　　(1) 必須事務・選択事務と行政と民間の役割分担 …………… 91
　　(2) 事務の分類 …………………………………………………… 92

第5章　自治体国際政策の課題 ……………………………………… 95

　1　事業評価 ……………………………………………………… 95
　2　住民との連携～住民力の活用～ …………………………… 95
　3　住民啓発 ……………………………………………………… 96
　4　財源確保と情報入手 ………………………………………… 96
　5　グローバル・リテラシー（国際対応能力）………………… 97

第6章　地域国際関係の沿革 ………………………………………… 99

　1　地域国際関係の沿革 ………………………………………… 99
　　(1)1945 ～ 1974　自治体国際交流萌芽期～姉妹提携ブーム～ ………… 99

(2)1975 ～ 1989　民際外交 ……………………………………… 100
　　～地域国際交流協会設立、地域国際化推進～
(3)1990 ～ 2012　グローバリゼーションの進展 ………………… 100
　　～多文化共生への模索～
2　地域国際関係年表 ……………………………………………… 102

参考文献 …………………………………………………………… 109

索引 ……………………………………………………………… 112

あとがき ………………………………………………………… 115

第1章　なぜいま自治体国際政策か

1　グローバリゼーションの進展と地方自治体

　1999 年に成立し 2000 年に施行された「地方分権一括法」(「地方分権の推進を図るための関係法律の整備等に関する法律」) は、地域の行政を地域の住民自らが決定し (自己決定) し、その責任も自らが負う (自己責任) という行政システムの枠組みを目指した。分権型行政システムへ移行する背景として、①変貌する国際社会への対応、②東京一極集中の是正、③個性豊かな地域社会の形成、④高齢社会、少子化社会への対応、が挙げられた。分権の目的は、各地域が、①地域の存在感、個性を持つこと、②地域への誇りをもつこと、③地域の自立、自律について地域特性や住民の意思に基づく新しいビジョンを持つことである。

　地方自治法は、地方公共団体を法人として「事務執行の主体」とし、「住民の福祉の増進を図ることを基本として、地域における行政を自主的かつ総合的に実施する役割を広く担うものとする」(地方自治法第 1 条の 2) と規定している。

　1999 年 4 月から 2010 年 3 月までに行なわれた「平成の大合併」で、市町村数は 1999 年 3 月末の 3,232 (市：670、町：1994、村：568) から、2010 年 3 月末には 1,728 (市：786、町：757、村：185) になり、ほぼ半減した。その後も市町村合併が進み、2012 年 10 月 1 日現在の市町村数は、1,719 (市：188、町：747、村：184) である。

　市町村合併の目的は市町村の数を減らすことではなく、基礎的団体として「住民に最も近い政府」である市町村の行政力、財政力を強化することにより、究

極の目的である「住民福祉の増進」を目指すものである。合併効果で市町村の規模が大きくなって体力が強まれば、優秀な人材が集まることにつながる。優秀な人材を国際政策に投入することにより、住民福祉の増進を実現できる。

90年代以後のグローバリゼーションの進展がわが国の地域社会を大きく変えた。地域社会に定住する外国人住民が増加し、その国籍別構成も劇的に変化した。自治体が外国と直接交流する機会も増えた。自治体は、新たに直面することとなった外国と外国人がらみの事務に直面し、施策を模索している。

自治体が行う国際事務は自治法に規定する「地域における事務」であることは論をまたない。自治体が行う国際事務は「目的」ではなく、住民福祉の増進を図るための「手段」である。ときどき、手段と目的が逆転しているように見えるケースも見かけないわけではない。

拙稿では国際事務を、自治体の事務のうち、①外国と関係を持つ事務、②外国人住民と関係がある事務とし、国際事務を遂行するための方針とその手段を「自治体国際政策」と定義する。

拙稿の目的は、自治体の「国際事務」の現況と課題を分析し、事務処理の処方箋を提示することである。

2　なぜいま自治体国際政策か

21世紀のメガトレンドは、グローバリゼーション、都市化、地方分権化であると世界銀行はつとに指摘している。都市化、地方分権化が進めば、地域が世界と接触することになる。

地域の国際関係が重視されてきた理由は次の4点である。

第1は、グローバリゼーション（globalization）の進展である。

通信、交通手段の発達で、ヒト・モノ・カネ・情報が自由に地球上を飛び交う時代となり、国境を越えた地球規模での交流が盛んになってきた。外国人住民が増加し、自治体は初めて多文化共生のための施策を模索することになった。同時に、自治体が世界と接触する機会が増加したため、自治体も世界を見据えた施策を展開することが可能な環境となった。

14

グローバリゼーションの進展は、伝統的に地域内だけを見据えて行政を展開してきた自治体に変革を迫っている。

　第2は、外国人住民の増加とその国籍構成の変化である。

　第二次大戦前、わが国の自治体には、国際事務の概念はほとんど存在しなかった。自治体が外国と関係を持つことはほとんどなく、外国人住民もほとんどいなかったからである。植民地出身の人たちは「帝国臣民」であり、「外国人」ではなかった。自治体は、外国と外国人住民を特別に意識することなく施策を行っていた。

　第二次大戦後も、自治体は、外国人住民をほとんど意識することなく行政を展開してきた。外国人住民には在日韓国朝鮮人が圧倒的に多く、彼らは日本文化と日本語を理解していたからである。

　90年代以後のグローバリゼーションの進展は地域社会を一変させた。外国人住民が増加し、新たに来住した外国人住民には、日本語も十分ではなく日本の地域社会のルールを理解することができなかった人もいたこともあり、地域社会で摩擦を起こすことが少なくなかった。小学校に一人でも日本語がわからない外国人住民が入学したら、学校はその一人の生徒のために、通訳を手配しなければならないこともあった。誰がそのコストを負担するのか。

　外国人も住民である。外国人住民は、言葉の壁、文化の壁、制度の壁に「3つの壁」に直面することが多い。自治体には外国人住民を日本人住民と同じく、地域の住民として扱うことが求められている。

　わが国の外国人登録者数の推移は、表1のとおりである。

　外国人総数は、1980年の782,910人から、2011年の2,078,508人へと2.65倍に伸びている。2010年の2,217,426人が過去最高であったが、東日本大震災、わが国経済の不況等で総数はその後漸減している。

　国籍構成では劇的な変化があった。韓国朝鮮人の漸減と中国人の激増である。韓国朝鮮人は1980年の664,536人から、2011年には545,401人に減少している。韓国朝鮮人が登録外国人総数に占める比率は、昭和55（1980）年は84.9％であったが、2007年に中国人に最多数の座を奪われ、平成23（2011）年には26.2％まで減少した。

表1 外国人登録者数の推移

各年末（単位：人）

	1980 年 昭和 55 年	1990 年 平成 2 年	2000 年 平成 12 年	2007 年 平成 19 年	2008 年 平成 20 年	2010 年 平成 22 年	2011 年 平成 23 年
外国人登録者	782,910	1,075,317	1,686,444	2,152,973	2,217,426	2,134,151	2,078,508
総人口比率（％）	0.67	0.87	1.23	1.69	1.74	1.67	1.63
中国	52,896	150,339	335,575	606,889	655,377	687,156	674,879
（％）	6.8	14.0	19.9	28.2	29.6	32.2	32.5
韓国・朝鮮	664,536	687,940	635,269	593,489	589,239	565,989	545,401
（％）	84.9	64.0	37.7	27.6	26.6	26.5	26.2
ブラジル	1,492	56,429	254,394	316,967	312,582	230,532	210,032
（％）		5.2	15.1	14.7	14.1	10.8	10.1
フィリピン	5,547	49,092	144,871	202,592	210,617	210,181	209,376
（％）	0.7	4.6	8.6	9.4	9.5	9.8	10.1
ペルー	348	10,279	46,171	59,696	59,723	54,636	52,843
（％）	0.04	0.9	2.7	2.8	2.7	2.6	2.5
アメリカ	22,401	38,364	44,856	51,851	52,683	50,667	49,815
（％）	2.9	3.6	2.5	2.4	2.4	2.4	2.4
その他	27,432	82,874	225,308	321,489	337,205	334,970	336,162
（％）	3.5	7.7	13.4	14.9	15.2	15.7	16.2

法務省入国管理局統計 (法務省 URL) をベースとし加工して作成。

　中国人は、1980 年は 52,896 人（外国人比率 6.89 ％）にすぎなかったが、2007 年には 606,889 人（同 28.2 ％）になって韓国朝鮮人を抜いて数、比率でトップになり、2011 年も、そのまま登録外国人数のトップであり、674,879（32.5 ％）となっている。

　環境変化の第 3 は、行政が住民力を活用することが可能になってきたことである。背景には、グローバリゼーションの進展で外国との接触機会が増え、一般市民が国際社会に目を向け始めたことを挙げることができる。

　阪神淡路大震災では、ボランティアが復旧、復興に大活躍し、その結果、ボランティアが社会的認知を得ることになった。当時、ボランティア団体のほとんどは任意団体であり、運営基盤は脆弱であった。財団法人、社団法人等の法人格を取得するにはハードルが高すぎた。そこで、ボランティア活動とを支援するために「特定非営利活動促進法」（いわゆる「NPO 法」）が、平成 10 年 3 月 19 日に成立し、同年 12 月 1 日から施行された。

　ボランティア団体はカリスマ的個人のリーダーが中心となって事業を展開す

ることが多い。リーダーには、自分達が社会に役立っているとの信念を持って行動する人が多く、外部からの批判等が届かないことも決して珍しいことではなかった。リーダーが何らかの事情でボランティアを続けられなくなった時、その団体は自然休眠となるケースが多かった。任意団体であるボランティア団体が特定非営利活動法人（「NPO法人」）になれば、法人として組織を存続することが可能になる。同時に、法人には法律で要求される情報開示等が必要になる。

　いま、わが国は世界でもまれにみる長寿社会、高齢化社会となっている。NPO法の施行により、住民がNPO法人を設立して、積極的に社会貢献をすることが可能になった。在宅の高齢者、主婦等が、新たな社会サービスの担い手となり、知識と経験を生かし、社会に貢献している。

　行政側も、地域社会の住民、とりわけ、高齢者、在宅主婦等の能力や経験を、自治体の苦手分野ともいえる国際事務に、ボランティアのアドバイザー、通訳等として活用することが可能になる。住民が行政に参加することにより、行政の透明性が高まり、住民の生きがい創造にもつながる。住民力の活用とともに自治体職員のグローバル・リテラシー（国際対応能力）の育成も不可欠である。

　第4の変化は、地方分権と市町村合併の進展である。すでに見てきたように、20世紀末から21世紀初頭にかけて、地方分権が進められてきた。その背景として、変動する国際社会への対応、個性豊かな地域社会の形成、東京一極集中是正、高齢化社会への対応が挙げられている。このことは、逆にいえば、変動する国際社会の中で、高齢者等を活用して、東京に依存することなく、個性豊かな地域社会を形成することが可能になったといえる。また、「平成の大合併」で、市町村数は約半数に激減した。合併により、市町村の行財政力が強化され、行政遂行能力が向上すれば、市町村の仕事に魅力を感じる優秀な職員を採用するための基盤ができることになる。

　グローバリゼーションの進展は、自治体に国際社会への発信力を高め、地域の文化を創造し、地域に活力を与え、住民の福祉を向上させるチャンスを提供している。

第1章　なぜいま自治体国際政策か　17

3 先行研究

自治体の国際事務に関する先行研究は多い。

80年代に出された書物は、「民際外交」「地方の国際化」「地域の国際化」「内なる国際化」等の視点が多い。90年代以後には外国人住民の急増で「多文化共生」をテーマにしたものが多くなっている。また、阪神淡路大震災で大活躍した外国人支援NGOの発言が目立っている。また、「国際交流」から「国際協力」への視点も出始め、インフラ中心の政府開発援助から、地方自治体が国際協力についての役割を果たすべきだとする議論が出始めた。地方自治体は、平素の住民密着の行政で培ったノウハウと人材で、生活密着型の国際協力をすることができるのである。

先行研究の中でほとんど見受けられないのが「国際経済施策」である。

自治体国際化協会[1]（1988年設立）の研究報告書には、海外の自治体の国際交流、国際協力、多文化共生等についての貴重な研究成果が多く含まれている。

国際交流全般

長洲一二他・坂本義和著『自治体の国際交流〜ひらかれた地方地方をめざして〜』（学陽書房、1983年）で、「民際外交」の提唱者である長洲は「民際は国際を超える」との問題意識から「自治体の国際交流について」を、坂本は「地方の国際化」をそれぞれ執筆している。本書のもとになったのは「地方の時代を提唱」（1978年）から5年目を迎えた年に開催された「地方の時代シンポジウム」であり、首長、研究者が「地方の国際化」について、現況、課題、展望を執筆している。阿部孝夫『国際化と地域活性化〜その視点と進め方〜』（ぎょうせい、1987年）は、80年代末に押し寄せる国際化の波に対して、つとに、国際化を地域活性化をからめて、何のための国際化か、地方の国際化の問題点、国際化に摩擦、先進国日本の構成員として国際化は国民の義務等の議論を展開しており、この分野の先駆的書物として示唆に富む問題提起をしている。石井

米雄・仲尾宏他『市民の目からみた国際化』（明石書店、1989 年）は、「シンポジウム・国際社会と市民交流」の報告書である。80 年代末の国際交流に対する問題意識が興味深い。臼井久和編『民際外交の研究』（三嶺書房、1997 年）は、地方自治体の国際的役割を指摘した先駆的文献であり、自治体と NGO が主体となって国際活動を展開すべきであるとの議論を展開し、国際交流から国際協力への流れを主張した。同書は、世界と日本の NGO の活動等も紹介している。松下圭一『自治体の国際政策』（学陽書房、1988 年）は、「国際交流から国際政策へ」の問題意識を明らかにした先駆的な著書である。総勢 12 人の研究者、自治体職員、新聞記者による分担執筆である。当時としては、書名に斬新なものがある。チャドウィック・アルジャー著・吉田新一郎編訳『地域からの国際化～国家関係論を超えて～』（日本評論社、1992 年）は、「国際関係論を超えて」の副題にある通り、市民が「地球規模で考え、地域で行動する」ことを論考している。この書物は地域社会の国際関係を考える上で、きわめて示唆に富む提言をしている。芹田健太郎『21 世紀の国際化論』（兵庫ジャーナル、2001 年）は、副題を「兵庫からの挑戦」とし、兵庫県内自治体の国際化への挑戦を論じている。毛受敏浩他編『草の根の国際交流と国際協力』（明石書店、2003 年）は、地域社会の国際交流・協力活動の時代的変遷、その担い手等について考察している。榎田勝利編著『国際交流の組織運営とネットワーク』（明石書店、2004 年）等は、具体的な国際交流を実施する国際交流団体の運営の実態を考察している。羽貝正美他編『自治体外交の挑戦～地域の自立から国際交流圏の形成へ～』（有信堂、1994 年）で環日本海諸国の自治体との地域間連携について事業紹介がなされている。佐藤徹『自治体行政と政策の優先順位付け』（大阪大学出版会、2009 年）は、自治体行政全般の政策選択についての提言であり、国際事務について「あれもこれも」から「あれかこれか」へ転換するためのヒントを与えている。

多文化共生

　駒井洋監修、鈴木江理子編著『東日本大震災と外国人移住者たち』（明石書店、2012 年）は、東日本大震災の被災地で暮らしていた外国人の被災者について

の報告である。小林真生『日本の地域社会における対外国人意識』（福村出版、2012）は、北海道稚内地域と富山県旧新湊市におけるアンケート調査に基づく、地域社会住民の外国人への意識についての報告である。佐竹眞明編著『在日外国人と多文化共生』（明石書店、2011 年）は、主として東海地方における外国人住民と地域社会の実態を詳細に調査している。吉富志津代『多文化共生社会と外国人コミュニティの力』（現代人文社、2008 年）は、著者が阪神淡路大震災後の神戸においてに取り組んできた外国人支援の活動の実績に基づいた力作である。関東弁護士連合会編『外国人の人権』（明石書店、2012 年）は、入国管理、外国人研修制度、外国人差別等について、2011 年 7 月から同弁護士会シンポジウム委員会の調査研究の報告である。川村千鶴子編著『移民国家日本と多文化共生論』（明石書店、2008 年）は、新宿における外国人の実態に迫っている。小山内透編著「講座トランスナショナルな移動と定住」（御茶の水書房）シリーズの 3 部作『在日ブラジル人の労働と生活』（2009 年）、『在日ブラジル人の教育と保育の変容』（2009 年）、『ブラジルにおけるデカセギの影響』（2009 年）は日系ブラジル人の実態調査報告である。移住労働者と連帯する全国ネットワーク編『多民族・多文化共生社会のこれから』（現代人文社・大学図書、2009 年）は、外国人支援 NGO による提言である。エリン・エラン・チャン著、阿部温子訳『在日外国人と市民権』（明石書店、2012 年）は、東京、川崎、大阪におけるインタビューに基づく研究書であり、「日本の移民政策と市民権の矛盾」について論じている。

駒井洋監修の「グローバル化する日本と移民問題」シリーズ（全 6 巻、明石書店）、駒井洋監修「外国人定住問題」シリーズ（全 4 巻、明石書店）がある。前者には、駒井洋編『国際化の中の移民政策の課題』（2002 年）、近藤敦編『外国人の法的地位と人権擁護』（2002 年）、駒井洋編『自治体の外国人政策』、駒井洋編『移民をめぐる自治体の政策と社会運動』（2004 年）等がある。後者には、駒井洋編『定住化する外国人』、駒井洋編『多文化社会への道』（2003 年）、広田康生『多文化主義と多文化教育』（1997 年）、渡戸一郎『自治体政策の展開と NGO』（1996 年）等がある。駒井洋監修『自治体政策の展開と NGO』（明石書店、1996 年）は、外国人支援 NGO 等の活動の実例等が

詳しく紹介されている。梶田孝道・宮島喬『国際化する日本社会』（東京大学出版会、2002 年）は、増大する外国人労働者をいかにして地域社会に受け入れるかの視点から論じており、浜松市が設立した外国人集住会議等を紹介している。梶田孝道『外国人労働者と日本』（日本放送出版協会、2001 年）には、急増する外国人労働者を日本社会としていかに受け入れていくべきかについての提言も含まれている。

NIRA シチズンシップ研究会『多文化社会の選択』（日本経済評論社、2001 年）は、「日本における外国籍住民、ひいては日本社会全体の様々な課題を浮き彫りにする」ことが狙いであり、「シチズンシップ」という概念を視座に据えて議論を展開している。宮島喬編『外国人市民と政治参加』（有信堂、2000 年）は、外国人市民への政治参加を積極的に進めるべきとの視点で、そのための方策等を論じている。川崎市の実例等を紹介している。

江橋崇編著『外国人は住民です』（学陽書房、1993 年）は、外国人住民が急増しはじめた 90 年代前半に、自治体がここまでできるとして「まちづくりとしての外国人住民施策」では、出産、育児、教育、文化、労働、住宅、福祉、保険医療、自治体参加等、「ゆりかごから墓場まで」の施策を提言している。長尾一紘『外国人の参政権』（世界思想社、2000 年）は、外国人地方参政権についての賛否両論を比較検討し、地方参政権付与に否定的な結論を出している骨太の書である。近藤敦『多文化共生政策へのアプローチ』（明石書店、2011 年）、同『新版外国人参政権と国籍』（明石書店、2001 年）は、外国人への参政権付与に積極的な著者の持論が展開されている。『自治体と定住外国人〜ともに考える開かれた地域社会の構築を目指して〜』（公職研、1995 年、『地方自治職員研修』臨時増刊号）では外国人住民対策の各都市の施策等、外国人に絡む裁判の判例等が載せられている。

国際経済施策

自治体経済施策の専門書は少ない。（財）自治体国際化協会ニューヨーク事務所「観光客誘致における米国地方自治体の役割について」（Clair Report No. 359〔March25, 2011〕）は、米国の地方自治体の観光客誘致政策の紹介であ

り、わが国自治体にも大いに参考になる点が多い。国土交通省「姉妹都市交流の観光への活用に関する調査報告書」（2005 年 3 月）は、研究書ではないが、具体的な事例も紹介も盛り込まれており、姉妹都市提携を観光客誘致に役立てようとする試みとして評価できる。また、同省「地域観光マーケティングマニュアル」（2006 年 2 月）も、示唆に富むマニュアルであり、随所にヒントが盛り込まれている。

地域国際協力

　吉田均『地方自治体の国際協力』（日本評論社、2001 年）では、地方自治体を国際関係の重要なアクターと位置付け、自治体の国際交流への国民の意識、現況、課題等を分析している。下村恭民他『国際協力～その新しい潮流～』（有斐閣、2002 年）は、国際協力全般の解説書であり、地方自治体と NGO の国際協力における役割を提唱している。江橋崇他監修『自治体国際協力の時代』（大学教育出版、2001 年）は自治体の国際協力についての理論的根拠を論じた好著である。国際協力事業団国際協力総合研究所『地方自治体の国際協力事業への参加～第一フェーズ～』（国際協力事業団、1998 年 10 月）と、同『第二フェーズ』（同、2000 年 11 月）は ODA の事業主体である JICA が、「開発援助における『人間中心の開発』という近年の国際的な流れ」（同書序文）の中で、貧困緩和、生活水準の向上、環境保全、地域保健、基礎教育等の基礎的社会サービスの拡充と言う地域と密接な問題への取り組みに、地方自治体が平素の行政の中で培ってきた経験、人材を活用し、国民参加型の ODA を目指すための基礎調査である。

　自治体国際政策の研究書の執筆者は、憲法、行政法、行政学、国際関係学等の研究者か、行政関係者、NGO 関係者が多く、総論を研究者が書き、各論を自治体の実務担当者が分担して書く、オムニバス方式が多い。どちらかと言えば、自治体が展開している事務の羅列的が多く、自治体国際事務の入門者向けの書物は極めて少ない。

4　神戸市の国際政策と筆者の略歴

　筆者がこの本を書いた動機は、急速に進展するグローバリゼーションで、外国人住民が急増し、外国との接触機会が増えた自治体が、その施策を模索しているようにみえる現実である。

　筆者は、神戸市役所において 33 年間勤務して結果的に国際事務の第一線を最先端で経験した。退職後、大学において自治体国際政策、地域国際関係を教え研究する中で、「自治体国際政策」を体系的にまとめ上げる必要を感じた。本書は、筆者の合計 43 年間の実務経験と研究を融合させたものである。本書を自治体国際政策の教科書とすることを目指している。

　以下、少し長くなるが、筆者の公務員としての経歴と研究者としての経歴を概観する。経歴を詳しく記載する理由は、筆者が勤務した神戸市が、70 年代以後、当時としてはきわめて先進的な国際政策を展開していた事例を紹介することと、筆者の本書執筆の背景を、読者に理解していただくためである。

神戸市役所入庁

　筆者は、1969 年に神戸市役所に入庁し、定年退職までの 33 年間、市の国際事務を最先端で実施してきた。

　筆者が担当した主な事務は、地域開発、国際交流、多文化共生、資金計画、外債（ドイツマルク債）発行、博覧会外国出展誘致・外国賓客の接遇、観光コンベンション都市づくり企画、わが国自治体初の中国常駐事務所開設協議・初代所長、ポートセールス、国際事務統括等である。

海上都市ポートアイランド計画、ニュータウン計画、インダストリアルパーク計画

　最初の 4 年間は、開発局計画課で、ニュータウンと海上都市の計画を担当した。具体的には、ポートアイランド、六甲アイランド等人口島の計画、須磨ニュータウン、西神ニュータウン、西神インダストリアルパーク等の計画であ

第 1 章　なぜいま自治体国際政策か　23

る。このころ筆者は、「神戸の将来を考える」という懸賞論文に「日本列島都市群の中の専門店神戸を目指して」で応募し入賞した。

外債発行

　次の4年間は、理財局財務課で、神戸市の資金、予算、外債発行等を担当した。外債発行では、引受金融機関であるドイツ銀行等との発行条件協議が印象に残っている。市役所でも金融関係の面白い仕事ができることに感激した。

博覧会外国出展誘致

　1977年、神戸市と民間企業が出資した民間会社に出向した。仕事は、神戸市が建設していた人工島ポートアイランドと市の中心地を結ぶ無人電車ポートライナーの開業準備である。ポートアイランドの開業を世界にお披露目するための「ポートアイランド博覧会」（「ポートピア博」）の開催（1981年3月）を控え、活気づいていた職場だった。

　ポートライナー開業のめどがついた1979年12月、突然、ポートアイランド博覧会協会（ポートピア博）への出向を命じられた。新しい仕事は外国出展勧誘である。開幕まで1年4か月しかない。

　博覧会には、国内出展と外国出展がある。国内出展は大企業、兵庫県、神戸市を中心にずらりと出展企業が出そろっていた。着任したころ、外国出展は、ほとんど決まっていなかった。大使館、領事館の外交官は、いつもにこやかに「興味ある催しだ。本国に報告する」と答えていた。外交辞令である。彼らの動きは鈍く、本国からは音沙汰がないこともしばしばあった。理由は、博覧会が国際博覧会条約に基づくいわゆる「条約博」ではない「地方博」であることと、外国側にとっての出展条件が厳しすぎることであった。外国政府は、わざわざ予算を使って地方博に出展する義理はない。

　日本企業の出展者は、土地賃借料を支払って自前でパビリオンを建設するという条件であった。筆者が引き継いだ時、外国出展の条件は、国内企業の出展と同条件であった。けれども、この条件では、外国政府が出展することはあり得ない。筆者は、大使館・領事館経由の出展交渉をやめることにし、一計を案

24

じた。筆者の策は「国の顔」と「民間の金」を融合させることであった。協会がパビリオンを建設してそれを区画割りして外国側に無償で貸与するという仕組みである。賃貸料が無償であっても、外国側には、出展までの企画費、展示物収集費、輸送費、展示装飾費、保険料等が必要であり、出展後は、管理費、人件費、光熱水費がかかる。外国政府が出展に二の足を踏むのは当然である。

そこで民間企業の出番である。筆者は、パビリオンの総面積の2割を「展示補完スペース」として、売店にしてもよいことにした。大使館は、その国と関係が深い商社、イベント会社等の企業をたくさん抱えている。民間企業は、売店で上がる収益で出展にかかる経費をすべてカバーし、その上、利益が出る可能性もある。大使館に「貸し」を作ることができる。大使館としては、一切費用を負担することなく自国の宣伝をすることができる、という仕組みである。この仕掛けはずばり当たり、外国出展希望が殺到した。32か国・地域が出展した。最終的にスペース不足のため出展申込みをお断りする国まで出てきた。博覧会で学んだことは「建前と本音」の使い分けであった。

次に、「コンベンション推進本部」と言う組織に配属された。博覧会の成功で神戸市は「コンベンション都市宣言」を出した。新しい仕事は、コンベンション都市づくりの企画と、国際会議、見本市、展示会等を積極的に誘致することであった。博覧会の時に建設した国際交流会館、国際展示場、ホテル等は、博覧会終了後も、それぞれの施設として活用している。

博覧会の経験をもとに、国際交流基金10周年記念募集論文に「国際交流地方の時代」で応募して2席に入選した。もう一人の2席入賞者は、川勝平太氏であった。

ドイツ地方自治制度調査

博覧会終了後、西ドイツ（当時）政府から、ドイツ地方制度研究の機会を与えられた。経費は西ドイツ政府全額負担という好条件であった。それに先立ち、マンハイム・ゲーテ・インスティチュートでドイツ語研修の機会も与えられた。学費、滞在費は全額ドイツ側負担で、奨学金までいただいた。ハンブルグ、ミュンヘン、ベルリン、マンハイム市当局を訪問し、財政事情、市民参加、国際交

流等を調査した。

中国・天津事務所

1985年、神戸市が友好都市である中国天津市に常駐事務所を開設することになり、筆者は、開設準備と初代所長の発令を受けた。わが国自治体初の常駐事務所である。

当時の中国は1979年に鄧小平が改革開放路線を打ち出して、沿海開放都市、経済特区への外資企業誘致を、国を挙げて行っていた。神戸市も、事務所開設に合わせて大規模な経済代表団を送ることとしていた。事務所開設と大型代表団受け入れ準備が着々と進んでいたとき、突然、天津市から「神戸市の事務所は設置できない」との連絡が入った。中国外交部から「市役所の事務所は地方政府の事務所である。互恵平等の精神からいくと、日本側が中国国内に常設の市政府事務所を設置するなら、中国側も日本国内に同様の事務所を設置する権利がある。中国国内に神戸市の事務所開設を認めるかどうかは外交マターである」と横やりが入ったという。大型経済代表団の受け入れ日が迫っている。天津市幹部が筆者を宴会に誘い出してこう言った。「事務所は予定どおり開設していただいてもよい。ただ、外交部が市政府の事務所の開設については、かたくなに拒否しているので、神戸市の事務所としては設置できないが、民間商社と同じ扱いの事務所なら設置できる。その場合は、中国側の「受入単位」（当該外国事務所に責任を持つ中国側の組織）は、天津市ではなく対外貿易総公司となるがそれでもよいか」。他に選択肢はない。天津市側の提案を受け入れ、天津事務所は、神戸市の事務所ではなく、財団法人神戸国際交流協会（会長神戸市長）の事務所となった。「形式は民間の事務所であるが、中身は市政府の事務所であるので、天津市政府は実質的に神戸市事務所として扱う。お酒のボトルのラベルは民間であるが、中身の酒は市政府だ」とその幹部は付け加えた。中国語でいう「上有政策、下有対策」である。

事務所開設の前年の1984年、神戸市は友好都市・天津市に「港湾技術顧問団」（団長：神戸市港湾局元局長）を派遣していた。中国の対外開放政策で、国営港湾天津港の管理を地方政府に移管したことに伴い、天津市からの神戸市への

顧問団派遣要請に応えたものである。神戸港の行政と民間の専門家で構成する顧問団は、天津港の近代化マスタープランを作成した。

　中国での3年間の仕事は、中国市場調査、友好都市としての交流促進であった。当時、天津にはオフィスビルがまだなかったので、外国人専用ホテルの一室を事務所にした。一般の中国人は入れない。当時の天津では外国人はまだ少なく日本の自治体の事務所は珍しがられた。日本ではVIP扱いのパンダも、天津動物園では、ただの猫熊であった。いつ行ってみても、パンダの檻の前には、観客はほとんどいなかった。

　当時は中国がまだ対外開放政策を展開して間がないころで、天津にいる日本企業は20社程度に過ぎなかった。李瑞環天津市長は開放政策の騎手としてエネルギッシュな人であった。1986年春節、李市長が天津に外国の報道陣、企業関係者を招いて、経済開発区見学会、企業誘致のための説明会を開催した。市長の演説の後の質疑応答でドイツ人記者が質問した。「中国は対外経済開放政策で大きな成果を上げつつあるが、拝金主義、汚職、売春等の弊害も露呈している。これからもこの政策を進めるのか」と質問した。市長は即座に、「新鮮な空気が必要であったので窓を開けたら、若干のハエと蚊が入ってきた。ハエや蚊は殺せばいい。我々は新鮮な空気が必要なのである。窓は閉じない」と演説した。

　当時、中国国内を旅することは苦難の連続であった。まず、切符を購入することが大変であった。そのうえ、行き先の空港に着いても、タクシーは少なく、ホテルにたどり着くのは至難の技に近かった。それでも、天津での3年間、中国国内都市を可能な限り訪問して変貌しつつある中国を視察した。

　中国国内への移動はきわめて困難であったが、香港へは容易に行くことができた。当時、天津と香港の間に中国民航が週3便就航していた。天津から空路3時間で香港に着く。週末、買い物を兼ねて香港へ行った。当時、香港空港は町の中心部にあり、飛行機は、高層住宅の屋根をかすめるように離着陸していた。冬の天津は緑がほとんどなく、土色一色である。香港に着くと、緑があふれ人々が忙しそうに行き来し、町には熱気が溢れていた。大陸の重苦しい雰囲気と香港の自由の落差にはいつも驚かされた。

第1章　なぜいま自治体国際政策か　27

神戸港ポートセールス

3年間の天津生活を終えて帰国した。次の仕事は神戸港のポートセールスであった。世界中の港湾管理者、船会社を相手にする仕事は、極めて刺激的であった。船会社は物流コストを削減できる港を求めて自由に移動する。国際物流ビジネス第一線としての経験は、公務員である筆者に、国際港間競争の厳しさを実感させるものであった。博覧会、ポートセールスは外国との折衝が多かった。訪問した外国は40か国以上になる。

あるとき、イギリスの港湾・海運ジャーナリストに神戸港を案内した。船上で筆者は「厳しい港間競争の中で、生き残ることができる港湾の条件は何か」と質問した。彼の答えは、「港湾管理者が imaginative and aggressive である港だ」であった。「未来を見通す力を持ち、積極的な展開を図る港湾管理者がいる港」だけが生き残れるという意味である。

1989年、港湾経営政策を研究すべく、神戸大学大学院経営学研究科に籍を置いた。けれども、神戸港のポートセールスの責任者である筆者は海外出張が多く、国内では議会開催中は連日の深夜勤務であり、とても大学院の授業に出席することができなかったため、仕事を優先するか研究をとるか悩んだ末、大学院を中途退学した。

神戸・関空間の超高速船運航会社

1994年1月、民間会社に出向することになった。関西国際空港と神戸を結ぶ超高速船（ジェットフォイル）の運航会社の専務取締役である。関空開業まで8カ月しかない。大阪湾の漁業者は、超高速船が「さわら流し網を切る」として補償を求めてきた。漁協は、補償がまとまるまで超高速船の試験運航を認めないと主張した。何とか開業に間に合わせたが、開業3か月後に阪神淡路大震災が起きた。神戸と外部をむすぶ鉄道、道路が壊滅し、筆者の会社が運航する航路だけが唯一の公共交通機関となった。震災直後、フランスからの救援隊が関空に着き、関空側で船に乗ろうとした時、現場職員が、「犬は船には乗せることはできない規則になっています」と乗船を断ったこともあった。世界中から駆けつけた外国人医師たちは、日本の医師免許を持っていないとの理

由で、医療行為をすることができなかった。政府も危機管理意識がまだなかったところである。

震災後、会社経営が悪化したため、後始末等が長引き、結局この会社に6年近くも残ることとなった。

国際関係統括

1999年、神戸市国際部長に就任し神戸市の国際関係を統括することとなった。神戸市国際協力交流センター常務も兼務した。神戸には、明治以来、各国が総領事館を開設していたが、阪神淡路大震災で総領事館も被災し、ドイツ、オランダ、フィリピン、インドネシア等の外国総領事館は、神戸から大阪に移転した。現在、神戸に残っている外国総領事館は韓国とパナマだけである。

市民運動・神戸海外移住者顕彰事業

筆者が市民運動「神戸海外移住者顕彰事業」を提唱して推進したのは1999年7月であった。移住者は日本人の世界展開のパイオニアである。移住者の功績を、かつての海外移住基地神戸において後世に伝えることを目標とした。この運動に対し、周囲から次のような反対意見が続出した。「移住者は国から裏切られたと思い、祖国日本を恨んでいる」「移住者の家族は身内に移住者がいることを話したがらない。そんな運動をしてもだれも喜ばない」「移住は暗い。神戸のイメージに合わない」「海外でも、アイルランド等移住者が船出したところには記念碑はない。移民船が到着したところには記念碑がある。ニューヨークのエリス島だ。移民船が出航した神戸には記念碑は建ててはいけない」という意見であった。

ところが、運動を始めてみると、大方の予想に反して、海外日系人から大きな反響があった。シンボル事業であるメリケンパーク「移民船乗船記念碑」建立募金に、内外から約2650万円以上の寄付が集まった。

2001年4月28日、記念碑の完成除幕式を行った。ブラジル日系人は、「奉祝使節団」と銘打って、団体で来てくれた。日本へ行くために1年間積立貯金をしたと聞いた。開会式には海外4カ国から100人の日系人が参列した。

第1章　なぜいま自治体国際政策か　29

2009 年 6 月、昭和 3 年に開業した「国立神戸移民収容所」（戦後「海外移住センター」と改称）は、「神戸市立海外移住と文化の交流センター」として生まれ変わった。二つの施設を結ぶ坂道「移住坂」も、神戸市が整備を進めている。「神戸海外移住 3 点セット」を訪ねる観光客、海外日系人も多く、神戸の新たな集客施設となった。

大学教員

　2002 年、神戸市を定年退職し、外郭団体会社の社長に就任した。退職を機に、神戸大学大学院国際協力研究科で芹田健太郎教授（国際法）の研究生として指導を受けることとした。それまでの自治体における国際関係の実務を体系的に見直して整理したかったからである。

　2007 年、立命館大学において博士（国際関係学）の学位を取得した。学位論文のタイトルは『国際都市神戸の系譜』である。

　立命館大学では、客員教授として「地域国際関係論」「自治体国際政策論」の講義を担当した。また、筆者の提案で実現した「総領事リレー講義：国際社会の中の日本と関西〜関西駐在外交官の視点〜」と、「市町村長リレー講義：自治体外交の挑戦〜わが町の国際戦略を語る〜」は、京都市内の他大学の学生や、京阪神の一般市民も参加する人気講義となった。これらの講義は、自治体の国際関係を体系的にまとめるいい機会であった。

　2004 年から、芦屋大学教育学部（後に臨床教育学部と改称）教授に就任し、学部、大学院で国際関係論、国際交流論、グローバルイシュー、先端ボランティア論等を担当した。また、国際交流センター長として、米国・韓国の大学との姉妹大学提携や、留学生の派遣、語学研修等を担当した。

地域国際化

　2005 年、明石市国際交流事務検討会（会長）、2009 年芦屋市国際交流懇話会（座長）等として市長に答申書を提出した。姫路市の中高生姉妹都市派遣事業、徳島県松茂町の中学生の海外派遣事務では、派遣生徒を対象に海外事情と文化のちがい、外国語学習の意義等について講演した。2000 年から、神戸市

シルバーカレッジ「国際交流・協力コース」において、3年生の卒業研究のお手伝いをしている。

　2003年度から、全国の自治体職員を対象とした、全国自治体国際文化研修所への出講も毎年実施している。明石市国際交流協会の副会長、芦屋市国際交流協会理事等を務めている。

1　自治体国際化協会（CLAIR ; Council of Local Authorities for International Relations）は、東京に本部、各都道府県・政令指定都市に支部を置き、ニューヨーク、ロンドン、パリ、シンガポール、ソウル、シドニー、北京に海外事務所を設置している。

第2章　グローバリゼーションの進展と自治体国際政策

1　自治体を取り巻く環境変化

　グローバリゼーションの進展は、自治体に新たな課題を突き付けている。

　第二次大戦前、わが国の自治体には、国際事務の概念はほとんど存在しなかった。自治体が外国と関係を持つことはほとんどなく、地域社会には外国人住民もほとんどいなかった。植民地出身の人たちは「帝国臣民」であり、「外国人」ではなかった。自治体は、外国と外国人住民を特別に意識することなく施策を行っていた。

　90年代以後、グローバリゼーションが進展し自治体を取り巻く環境を変化させた。

　第1は、自治体が外国と直接交流する環境ができたことである。

　終戦から10年が経過した1955年、長崎市と米国セントポール市がわが国自治体として初の姉妹都市提携をした。1960年には東京都とニューヨーク市が都道府県初の姉妹提携をした。当時は、海外渡航が自由にできない時代であった。外貨持ち出し制限も厳しかった。市長たちは太平洋を米国の貨客船で渡り、西海岸から、プロペラ機、列車で提携先の都市へ向った。敗戦で打ちひしがれた日本側の首長は、戦勝国であるアメリカの市長と対等な立場で交流することを誇らしく思い、新しい時代の到来を実感した。これに続いて、自治体は競うように外国の都市と姉妹提携をした。姉妹都市交流が自治体国際事務の主流を占めることとなった。

　変化の第2は、自治体の住民に新たに「外国人住民」が登場したことである。

大戦の終結で植民地が独立し植民地出身の人たちが外国人となった。戦後、わが国登録外国人の九割以上の圧倒的多数をしめていたのは、これらの人たちとその子孫の在日韓国朝鮮人であった。彼らは民族的アイデンティティを大切にしながら、日本社会に溶け込んできた。彼らは日本語を自由に話すことができ、日本文化を理解していたため、自治体にとり「外国人として意識することが少ない」外国人であった。わが国がまだ貧しかった時代であり、外国人住民の市民的権利への配慮もほとんどなされなかった。

90年代以後のグローバリゼーションの進展が、自治体を取り巻く環境を劇的に変えた。自治体にも国際環境を意識した政策を推進することが求められることとなった。自治体を取り巻く環境変化の第1は、外国人住民が急増したことと、その構成が大きく変わったことである。

平成19（2007）年には、それまでわが国における登録外国人数の1位であった韓国朝鮮人（59万3千人、27.6％）に代わって、中国人（60万7千人、28.2％）が1位になり3位はブラジル人（31万7千人、14.7％）である。ブラジル人は、1985年時点ではわずか1,500人にすぎなかった。外国人の急増とその構成変化には、1990年の改正入管法施行、1993年の「外国人研修生」制度創設によるところが大きい。

1995年の阪神淡路大震災では、被災した多くの住民が避難場所で共同生活を送った。日本人の被災者は、言葉が通じない外国人が同じ避難所にいることに初めて気がついた。被災者支援のため、全国から駆けつけたボランティアが大活躍した。ボランティアは、日本人には容易に伝わる被災者支援の情報が、外国人住民には言葉の制約等のため、伝わりにくいことを発見した。

被災者支援に大活躍したボランティアの活動が社会的に認知されることとなった。任意団体が多かったボランティア団体に法人格を付与し、存立基盤を強固にするため、1998年に特定非営利活動促進法（NPO法）が施行された。その結果、ボランティア団体の活動がさらに促進されることとなった。

1980年代後半以後、在日韓国朝鮮人の市民的、社会的、政治的権利を認識した運動が本格化した。外国人の公務員採用は、川崎市が先鞭を切り、その後、多くの自治体がそれに続いた。

第2章　グローバリゼーションの進展と自治体国際政策　33

外国人への地方参政権付与は、1993 年に岸和田市議会が議決してその推進に先鞭をつけ、その後、全国の自治体に広がっていった。1995 年の最高裁判決「傍論」で、「外国人への地方参政権付与は憲法が禁止しているところではない」との意見が出された。

　それまで「内なる国際化」とよばれていた施策が、新たに「多文化共生社会の構築」という概念で見直され、自治体の喫緊の課題とし認識されだした。

　変化の第 3 は、グローバリゼーションの進展で、私たちの地域社会が地球上の他の地域社会と密接につながっていることが広く認識されだしたことである。「グローバル・イシュー」（地球的諸課題）が深刻な問題として認識されだした。地球は外部との物質的出入りがない「宇宙船地球号」であり、私たち「地球市民」は運命共同体である。地球環境、資源、貧困、ジェンダー、疾病等の解決に、私たちの地域社会も積極的に協力することが求められる。

　また、自治体が、世界の動向を見極め、国際的な活動を展開することにより、地域社会を活性化することができる方策があることに気がついた。外国人観光客の受け入れや、国際コンベンションの誘致、外資系企業の誘致等は、自治体の経済に大きな波及効果がある。

　第 4 は、「住民活力」導入が可能になったことである。NPO 法の施行により、住民が NPO 法人を設立して社会活動を展開することとなった。行政と NPO 法人との連携体制ができあがりつつある。自治体が国際経験が豊富で外国語が堪能な住民を地域社会の国際事務に活用することにより、限られた経費で大きな効果をあげることができる。

2　国際関係のアクター

　国際関係論の教科書では、国際関係の主体を国家」と「国家以外」に分類し、「国家以外」の主体として、「国際機構」「超国家的機構」「同盟及び地域ブロック」「脱国家的な組織及び運動」「国家内部の集団」「個人」を挙げている[1]。また「国際関係の主体と見なすことができる存在」として、①その存在が明快に識別できること、②国際的な舞台で決定し行動する一定の自由を持っていること、③

他の行動主体と相互作用をし、その行動に影響を与えること、④一定の期間にわたって存続すること、を規定し、このような要件を満たす典型的なものが国民国家であるとしている[2]。

(1) 国際関係のアクターとしての地方自治体

地域の国際関係の主たるアクターは「地方自治体」と NGO である。

地方自治法は、地方自治体を地方公共団体と規定し、「地方公共団体は、住民の福祉の増進を図ることを基本として、地域における行政を自主的かつ総合的に実施する役割を広く担うものとする」（第一条の二）としている。地方公共団体は、普通公共団体（都道府県、市町村）と、特別公共団体（特別区、地方公共団体の組合及び財産区）に分けられる（第一条の三）。

地方公共団体は「国の領土の一部区域とその住民に対して支配権を有する地域統合団体」であり、地方自治は「地方公共団体が独立の団体として自己に属する事務を自己の責任において行うことであり、地方住民の意思に基づいて施政を行おうとするもの」（『広辞苑　第四版』）である。地方自治は日本国憲法で保障されていることは言うまでもない。

通常、地方公共団体は、地方自治体、または、自治体と呼ばれている。

市町村は、「基礎的自治体」とよばれ、住民に「最も近い政府」として、身近な行政を担当する。都道府県は「広域的自治体」とよばれている。都道府県と市町村は、対等の関係であり、上下の関係はない。

市町村は、その規模等によって、「政令指定都市」「中核市」「特例市」、一般市町村に分けられる。政令指定都市は、都道府県なみの権能を持つ市で、都道府県の権限の 8 〜 9 割を行う。横浜・名古屋・京都・大阪・神戸が 5 大都市といわれていたが、1956 年に、この 5 大都市が政令指定都市になり、その後、1963 年に北九州、1972 年に札幌、川崎、福岡、1980 年に広島、1989 年に仙台、1992 年千葉、2003 年にさいたま、2005 年に静岡、2007 年新潟と浜松、2009 年岡山、2010 年に相模原、2012 年 4 月に熊本がそれぞれ政令指定都市に移行し、現在、20 都市が政令指定都市となっている。

中核市は「地域拠点都市」と呼ばれ人口30万人以上等が指定要件で、平成24年4月1日現在、全国に41都市がある。特例市は「新しい分権都市」と呼ばれ人口20万人以上の都市で、平成24年4月1日現在、40都市がある。中核市・特例市は、それぞれ県の事務の一部を行う。

(2) 国際関係のアクターとしてのNGO・NPO

　NGO・NPOは、自治体とともに地域の国際関係のアクターである。

　NGO（Non-Governmental Organization）は、「非政府組織」、「国際協力市民団体」と呼ばれている。NGOはもともと国連用語で、「国連の正式な参加国（government）以外の参加団体」、すなわち、国連活動に参加する「非政府機関」（Non-Governmental Organization）として使われていた。

　いうまでもなく、国連（United Nations）は、国と国が集まって国際社会の運営等を決める機関であるが、国連の経済社会理事会には、国だけではなく、NGOの参加を認めてきた。理由は、経済社会理事会が担当する経済問題、人口問題、社会開発、女性問題、人権問題等には、民間の専門家の専門知識が必要であり、民間の専門家意見も取り入れるためである。国連も民間NGOの専門家の協力がなければ成り立たない。

　NGOと似た用語にNPO（Non-Profit Organization）があり、「非営利組織」、「民間非営利団体」と呼ばれている。NGOもNPOも、ともに「非政府」、「非営利」民間の団体で、「非政府」を協調するときはNGO、「非営利」を強調するときはNPOであり、基本的には同じ意味である。我が国では、もともと、「NGO」が国連用語としての定着していたところへ、90年代以後、NPOという用語が登場した。

　わが国で、NPOという用語が市民権を持つようになった背景に、阪神淡路大震災がある。阪神淡路大震災で6,430人以上の死者が出た。突然襲いかかった大災害である。震災直後は、県庁・市役所だけでは、十分な対応できなかった。被災地を支援するために、多くの市民がボランティアとして立ち上がった。国内からもたくさんのボランティア団体が駆けつけた。外国からも、医療ボラン

ティアや、救助犬をつれた人命救助ボランティアが続々と被災地に来てくれた。震災時に駆けつけたボランティアは、震災直後から2か月で100万人、5月までの累計でのべ120万人とも言われている。

　阪神淡路大震災でボランティアが大きな働きをしたことから、それまでわが国ではあまり知られていなかったボランティアの社会活動が世間に認知された。

　震災復旧にあれほどの貢献をしたボランティア団体ではあるが、当時はまだ、これらの団体に対して制度的な支援がなされておらず、その存立基盤は脆弱であった。株式会社や財団法人、社団法人等は法律でその存立、存続が保証されているけれども、任意団体であるボランティア団体には何の法的なバックアップもなかった。任意団体は、銀行での口座開設、事務所賃借、不動産登記、電話設置等の法律行為を行う場合は、団体名で行うことができず、代表者との個人契約になる等の不都合がある。

　ボランティアの活動を支援するために、1998年に「特定非営利活動促進法」（「NPO法」）が制定され、それまで任意団体であったNGO、NPOに、法人格が付与されることとなった。NPO法人となった団体は、社会的な信用を得ることができ、行政との連携がしやすい。この法律に基づいて、法人格を取得するボランティア団体が増加した。2012年9月現在、NPO法人は45,964団体に達している。

3　自治体国際化推進大綱

　自治体の目的は「住民福祉の増進」である。域内の住民を幸せにするため自治体は存在している。自治体が展開する施策は、住民福祉増進という目的を達成するための手段であることはいうまでもない。けれども自治体のパンフレットには、手段であるはずの国際事務が目的のように書かれているようなものも見受けられることがある。

　最近、自治体が多様な国際事務を実施するようになってきている。これに伴い、自治体行政全体の中で国際事務をどのように位置づけるのか、その優先順

位はどうか、自治体と住民のどちらがどこまで分担すべきか等について議論がなされている。急速なグローバリゼーションの進展で、自治体の国際事務は、どちらかといえば、その都度、患部に絆創膏を貼るような形で展開されてきた経緯がある。自治体が国際政策ついての明確なプリンシプルを持って展開しているとは、必ずしも言い切れる段階ではない。

　1989年2月、自治省は都道府県、政令指定都市に、地域国際交流推進大綱策定に関する指針を通知した。これに基づいて、自治体は、独自の大綱を策定し、国際化政策を進めてきた。表2は、各自治体の地域国際交流推進大綱である。この大綱は地域の国際化推進に大きな役割を果たした。この大綱を乗り越えて、さらに中長期を見越した新たな大綱の策定が求められている。

　これらの計画のタイトルのほとんどが「国際化政策」か「多文化共生推進」であり、「国際政策」ではないことに注目していただきたい。「国際化政策」は文字どおり「地域を国際化するための政策」であるが、「国際政策」は「自治体が世界を視野に入れて地域の住民福祉のために展開する政策」なのである。「国際化政策」と「国際政策」の違いは大きい。

表2　自治体の地域国際交流推進大綱

		計画	策定期間
1	北海道	北海道国際化推進指針	2006年3月
2	北海道	海外との経済交流推進方策	2010年3月
3	岩手県	岩手県多文化共生推進プラン	2010年2月
4	宮城県	みやぎ国際戦略プラン	第1期計画：2006年12月 第2期計画：2010年3月
5	宮城県	宮城県多文化共生社会推進計画	2009年3月
6	秋田県	あきた国際化戦略	2010年度
7	茨城県	茨城県国際化推進計画	2005年度
8	栃木県	とちぎ国際化推進プラン	2006年度
9	群馬県	群馬県多文化共生推進指針	2007年10月
10	埼玉県	埼玉県多文化共生推進プラン	2007年
11	千葉県	輝け！ちば元気プラン（千葉県総合計画）「国際交流・多文化共生の推進」	2010年3月
12	神奈川県	かながわ国際施策推進指針	2006年9月（2008年3月改定）
13	新潟県	新潟県国際化推進大綱	2002年4月
14	富山県	富山県多文化共生推進プラン	2006年度

15	石川県	石川県国際化戦略プラン	2006 年 3 月
16	石川県	在住外国人施策に関する指針	2008 年 3 月
17	福井県	新版　東アジア・マーケット開拓戦略プラン	2007 年 2 月
18	愛知県	あいちグローバルプラン	2008 年 3 月
19	愛知県	あいち多文化共生推進プラン	2008 年 3 月
20	三重県	三重県国際化推進指針	2007 年 3 月
21	滋賀県	滋賀県国際施策推進大綱	2007 年 3 月
22	滋賀県	滋賀県多文化共生推進プラン	2010 年 4 月
23	京都府	ＫＹＯの海外人材活用プラン	2004 年 12 月
24	京都府	明日の国際交流推進プラン	2009 年 12 月
25	奈良県	奈良県国際交流・協力推進大綱	1997 年（2003 年 3 月改定）
26	和歌山県	和歌山県長期総合計画	2008 年 4 月
27	広島県	ひろしま国際施策推進プラン 2010	2006 年度
28	山口県	新・やまぐち国際化推進ビジョン	2003 年 3 月
29	徳島県	とくしま国際フレンドシップ推進指針	2007 年度
30	高知県	高知県国際交流推進ビジョン	1995 年 3 月
31	高知県	国際協力プラン 21・高知	1997 年 3 月
32	長崎県	新長崎県国際化推進計画	2007 年度
33	熊本県	くまもと国際化総合指針	2009 年 3 月
34	さいたま市	さいたま市国際化推進基本計画	2004 年度
35	さいたま市	さいたま市国際化推進基本計画アクションプラン	2007 年度
36	千葉市	千葉市国際化推進基本計画	
37	横浜市	横浜市海外諸都市との都市間交流指針	2006 年度 (2007 年 3 月改訂)
38	横浜市	ヨコハマ国際まちづくり指針	2007 年度
39	横浜市	第二の開国をリードする横浜の「国際都市戦略」	2009 年度
40	相模原市	さがみはら国際プラン（改定版）	2010 年 3 月
41	新潟市	新潟市国際化推進大綱	2008 年 3 月
42	静岡市	静岡市国際化推進計画	2005 年 2 月
43	京都市	京都市国際化推進プラン	2008 年度
44	大阪市	大阪市外国籍住民施策基本指針	1998 年度（2004 年度改定）
45	堺市	堺市国際化推進プラン	2008 年 8 月
46	神戸市	神戸市国際化推進大綱	2006 年度
47	北九州市	北九州市国際政策推進大綱	2011 年度
48	福岡市	福岡市国際化推進計画	2003 年度

自治体国際化協会 URL：http://www.clair.or.jp/j/keikaku/index.html（2012.9.7 アクセス）

4 東京都の国際政策

東京都外務部は、東京都の国際政策を表3の通りとしている。

表3 東京都の国際政策

1 国際交流	(1) 海外諸都市との交流	①姉妹・友好都市及び政策提携都市との交流
		②姉妹港交流
		③議会交流
2 国際交流のための多様な取り組み	(1) 様々な交流	①学生交流
		②共同研究
		③学術交流
		④姉妹校交流
	(2) 行政視察等の受入・派遣	①行政視察等の受入れ
		②来都外国人接遇
		③行政視察の派遣
	(3) 動物等の交換	①動物の交換
		②共同繁殖
	(4) 都民の自主的な交流活動への支援	①財政支援
		②国際情報提供
3 国際協力	(1) 専門家等の派遣	
	(2) 研修生の受入れ	
	(3) 物資協力・資金援助	
	(4) 留学生への支援	①留学生の受入れ
		②留学生会館等の運営
		③留学生にかかる事業への支援
4 国際会議と都市間ネットワーク	(1) 国際会議の開催・参加	①会議名称
	(2) 都市間ネットワークの構築	
	(3) アジア大都市ネットワーク	
5 都市基盤	(1) 海外都市とのアクセス手段の拡充	
	(2) まちの表示	①道路標識
		②交通機関における案内板等
		③観光案内板
		④信号機等
		⑤交番における外国人への配慮

6　経済・労働	(1) 経済活動の活性化	
	(2) 外国人の就労	
7　観光・景観・文化	(1) 観光の振興・コンベンションの誘致	
	(2) 芸術文化の振興	①文化施設の運営
		②情報提供
		③事業助成
8　健康	(1) 外国人に配慮した保健医療サービスの提供	①情報提供・相談
		②通訳
		③都立病院等における対応
	(2) 医療費補助等	①健康保険
		②医療費補助
		③行旅病人及び死亡人
	(3) 健康の確保	①結核対策
		②保険・予防等に関する外国語パンフレットの発行
9　くらし	(1) 相談・情報提供	①相談 (生活一般相談)
		②情報提供 (生活一般に係わる情報)
	(2) 外国人に対する様々な行政サービス	①生活保護制度
		②出産・子育て
		③障害者のためのサービス
		④高齢者のためのサービス
10　防止・防犯・ 　　交通安全・消防	(1) 防災	
	(2) 防犯・交通安全	
11　学校教育	(1) 外国人生徒・学生支援	
	(2) グローバルな社会を担う次世代の育成	
12　世界に開かれた 　　　都民意識	(1) 人権意識の啓発・開発教室	①リーフレットの作成、セミナーの開催、情報提供等
	(2) 都民の国際的な活動の促進	
13　外国人住民の 　　　都政への参画	(1) 外国人住民の行政参画	①集会公聴事業
	(2) 外国人の公務員への採用	
14　民間団体への支援 　　　　　と連携	(1) 民間団体への支援	①助成事業、その他支援項目
	(2) 広域的なネットワークづくり	①連絡会の設置、連携事業等
15　区市町村との連携		①情報提供、会議開催
16　国際政策の推進体制 　　　と職員の育成	(1) 国際政策の推進体制	①会議名称等
	(2) 都職員の育成	①人材育成、職員派遣等
17　国への要望		

東京都外務課 URL：http://www.chijihon.metro.tokyo.jp/gaimuka/kokusaiseisaku/kokusaiseikaku.htm#tokyoto（2012.
10.11 アクセス）

5　東京都内区市町村の国際政策

　表4は、「東京都区市町村の国際政策の状況」（東京都知事本局外務部、平成24年7月）である。

表4　東京都内区市町村の国際政策

1　国際交流・協力	(1) 姉妹・友好都市提携	
	(2) 海外諸都市との交流	
	(3) 国際会議・シンポジウムの開催・参加	
	(4) 専門技術者の海外派遣	
	(5) 研修生の受け入れ	
	(6) 物的・経済的支援	
	(7) 留学生への支援	
2　安全で活力のある街づくり	(1) 分かりやすい街の表示	
	(2) 防災・防犯・交通安全対策	
	(3) 中小企業の国際化対策	
3　在住外国人に開かれた社会づくり	(1) 外国人の行政参加等	①意見聴取等行政への参画
		②公務員への採用
	(2) 外国人への情報提供等	①出版物による行政情報の提供
		②ビデオ・ＣＡＴＶ・インターネット等の情報提供
		③図書館等における外国語新聞・雑誌の蔵書
		④外国人相談
	(3) 日本語教育等	①日本語教育、適応指導者等の推進
		②外国人学校等への施策
	(4) 保険・医療	
	(5) 福祉	
	(6) 就労対策	
	(7) 住宅支援	
4　教育と意識啓発	(1) 国際理解教育等	①国際理解教育
		②外国語教育
	(2) 語学教育等	①教育講座
		②語学講座
		③外国人と都民の交流事業

5　民間の国際交流・協力活動への支援	(1) 民間国際交流・協力団体への支援・連携
	(2) 国際交流協会の設置・支援
	(3) 国際交流基金の設置
	(4) 国際交流施設の設置
6　国際政策推進体制	(1) 連絡・検討組織
	(2) 計画策定
	(3) 国際化にかかる調査
	(4) 公務員研修
	(5) 外国人の人材活用
	(6) 国際化推進担当部門の連携

東京都外務課 URL：http://www.chijihon.metro.tokyo.jp/gaimuka/kokusaiseisaku/kokusaiseikaku.htm（2012.8.24 アクセス）

　東京都外務部は、東京都区市町村の国際事務を、①国際交流・協力、②安全で活力のある街づくり、③在住外国人に開かれた社会づくり、④教育と意識啓発、⑤民間の国際交流・協力活動への支援、⑥国際政策推進体制に分類している。全国の自治体も、この分類と基本的に同じであるといえる。けれども、この分類では、自治体国際事務の目的と手段が分かりやすく区分されていない。

　この分類と、筆者が提唱している国際事務の分類を対比させてみよう。表5で、縦軸は東京都の分類であり、横軸は、筆者の分類である。

表5　東京都内区市町村の分類と筆者の分類の対比

	①国際交流	②多文化共生	③国際経済施策	④地域国際協力
①国際交流・協力	国際交流			国際協力
②安全で活力のある街づくり		安全で活力ある街づくり		
③在住外国人に開かれた社会づくり		在住外国人に開かれた社会づくり		
④教育と意識啓発	教育と意識啓発	教育と意識啓発		
⑤民間の国際交流・協力活動への支援	民間国際交流活動への支援	民間国際交流活動への支援		民間国際協力活動への支援
⑥国際政策推進体制	国際政策推進体制	国際政策推進体制		

　東京都内区市町村の分類では、「①国際交流・協力」とされているが、国際交流と国際協力は同じ次元でとらえるものではなく、それぞれ、別の事務と考えるべきである。

また、「④教育と意識啓発」は、筆者は「国際交流」と「多文化共生」に分類している。理由は、市民への一般的な国際理解教育と、多文化共生へのための教育と意識啓発は、性質が異なるものであるからである。前者は、国際情勢、国際文化、地球的諸課題等が含まれるが、後者は、異文化理解、外国人への差別意識の除去、地域社会における多文化共生の必要性とそのための具体的な方法等である。この2つは深層部分ではつながってはいることはいうまでもないが、具体的な政策として行う場合は、区別して考える必要がある。

このようにみると、東京都区内市町村の国際事務の分類は、筆者が提唱している分類と比較すると、わかりにくい分類であると考えざるをえない。

東京都外務部によるこの分類は、全国のほとんどの自治体が行っている分類でもある。

6 自治体国際事務の分類

筆者は、国際事務を表6のとおり分類している。

表6 自治体の国際事務の例示

1 国際交流・外国との交際	(1) 外国との交際	当該都市を代表して外国との交際・交流。首長、議員、職員交流。市民交流、企業交流等
	(2) 姉妹・友好都市提携	姉妹都市、友好都市、親善協力都市、姉妹港提携等
	(3) 姉妹友好施設提携	姉妹校（小中高校、大学）提携、姉妹病院等
	(4) 都市間連携	都市間ネットワーキング。世界古都連盟等。国際港湾会議
	(5) 海外事務所設置等	
2 多文化共生	(1) 多文化共生基本方針	多文化共生大綱等
	(2) 外国人市民への行政アクセスの容易さの担保	行政文書の多言語表示。平易な行政文書。窓口での外国語対応等
	(3) 外国人市民会議	外国人の議会と位置付け
	(4) 外国人市民の公務員採用	
	(5) 外国人への日本語、日本文化教育	
	(6) 多言語道路標識等	
	(7) 市民ボランティア通訳育成	

		(8) 多文化共生市民啓発	国際理解教育等
		(9) 外国人への防災情報提供	
		(10) 国際交流施設の整備	
		(11) 自治体職員、議員等へのグローバル・リテラシー研修	
3	国際経済施策	(1) 観光客誘致	
		(2)MICE 誘致	Meeting（会議、セミナー） Incentive tour（招待会、視察、表彰式） Convention（学会、国際会議） Exhibition（展示会、見本市）
		(3) 域内企業の海外進出支援	市民専門家を起用しノウハウ支援等
		(4) 外資系企業誘致	
4	地域国際協力	(1) 途上国都市への協力	
		(2) 災害被災都市支援	
		(3) 市民国際協力ボランティア育成	

(1) 国際交流（外国との交際、交流）

外国との交流・交際

　外国の政府要人、外交官、首長、議員、企業代表等来訪者の受け入れ、首長による外国の自治体訪問等である。市民、企業が活発に外国と交流しているのと同様に、自治体も積極的に国際交流活動を行う。

姉妹提携交流

　姉妹提携による交流は自治体の国際交流の主流である。内容は、行政交流、青少年交流、医療交流、経済交流、議会交流等多分野に渡っている。

　第二次大戦後、米国アイゼンハワー大統領が、戦災で荒廃した国の自治体と米国の自治体が提携することにより、市民同士の交流を通じて復興と世界平和の促進を目指した姉妹都市提携を提唱した。先述したように、まず、我が国姉妹都市提携第1号として、1955年に長崎市とセントポール市が提携した。以後、全国の自治体がこれに続いた。1966年には自治体の提携件数が100件を突破、1984年には500件突破、1993年には1,000件突破し、2010年1月末では1586件の提携がある。

自治体間連携

　提携相手は共通した特定の課題を抱える自治体である。提携した自治体と、共通する課題について情報交換をすることにより課題解決をはかることを目指している。京都市は古都の保全と都市発展のため、パリ、西安等世界84都市と「世界歴史都市連盟」を組織し、京都市長が会長に就任している。北海道の「北方圏センター」は、緯度が高い地域特有の問題に共同で対処しようとするものである。環日本海地域の自治体による連帯組織もある。

住民のための国際交流環境整備（ハード、ソフト）

　住民の国際交流活動のためのハード、ソフトの環境整備も自治体の重要な責務である。自治体は地域の国際活動の拠点となる施設の整備をしなければならない。ここに地域国際交流協会が本部を設置し、自治体と住民が地域国際交流活動を展開する。この施設を拠点として地域国際交流協会が中心となって、姉妹都市ウイーク、国際チャリティバザー、国際交流イベント、セミナー、国際文化講演会等を開催する。

　国際交流を促進するための基金の創設も、また重要な業務である。基金の原資は自治体の予算、企業寄付、住民寄付等である。一定の基金が造成されればその果実から住民の国際交流事業に補助することが可能になる。

自治体海外事務所

　都道府県や政令指定都市には海外事務所を設置している自治体がある。海外事務所は、派遣職員人件費、事務所借上、現地職員雇用、運営経費等がかかる。海外事務所は自治体にとりステータスとの考えている首長もいる。

　自治体の海外事務所は本当に機能しているかどうかの検証が必要である。民間企業の事務所なら業績を常に問われ、業績が上がらないところは所長が交代させられる。不思議なことに、自治体海外事務所は、事業評価が実質的に殆どなされていない。税金を使って設置する以上、海外事務所の所長が「ノルマなしのセールスマン」であっては意味がない。

　ある自治体で、海外事務所の実態を調査することになり、海外事務所から業

務報告を出させた。ある海外事務所の所長から、「1日に電話が何件かかって
きたか、何件の電話をかけたか」について詳細な報告があった。電話をかける
ことは手段であり目的ではない。何を達成すべきかについての問題意識がない
ため、電話回数を業務報告に挙げたのであろう。これは笑い話ではない。この
話と大同小異の話が自治体海外事務所には決して少なくないのである。

　海外事務所はどのような効果を上げているかと自治体の責任者に尋ねると、
「海外事務所の効果に、派遣する職員のグローバル・リテラシー育成もある」
という答えが返ってくることが多い。それ以外に、どのような業績を上げてい
るかと質問すると、弁解に近い答えが返ってくる。

　自治体が海外事務所を設置する場合、2つの方法がある。単独で事務所を設
置する（「単独事務所」）か、他の団体との共同で設置する（「共同事務所」）か
である。後者には、自治体国際化協会やJICA等の海外事務所に設置するケー
スと、自治体同士が共同で設置するケースがある。

　海外事務所は通常、課長クラスの職員が所長として派遣され、現地で職員を
採用して仕事をすることが多い。単独の海外事務所では上司はいないので、ど
うしても気が緩みがちになる。所長の使命感と能力が海外事務所の成否を決す
ることになる。

　筆者は、自治体海外事務所は、共同事務所がいいと考えている。

　理由の第1は、単独事務所は、経費がかかりすぎることである。第2は、
単独事務所では、所長に緊張感がなくなる懸念があることである。同じオフィ
スに上司が不在で、部下は現地採用職員の単独事務所は、所長の裁量ですべて
が動く。もし、所長がのんびりしようと思えば、できないことではない。3年
もこのような事務所に勤務していると緊張感がなくなることはやむを得ない。

　一方、「共同事務所」はどうか。自治体が自治体国際化協会に職員を派遣し
て海外事務所とする場合を考えてみよう。自治体国際化協会は、ニューヨーク、
パリ、シンガポール、ソウル、北京、シドニーに事務所を持っており、各事務
所は、それぞれ、優れた調査報告を発表している。この事務所に職員を派遣す
る利点は次のとおりである。

　第1は、単独事務所に比べて事務所運営経費を軽減できることである。第2

は、自治体国際化協会の事務所が発行する調査報告書は、自治体からの出向職員を含め当該事務所全体で作成する。自治体出向職員はその調査、執筆を通じて現地のことを学ぶことになる。自治体からの派遣職員は調査の過程で人脈を形成し、多くのことを学び身につけることができる。第3は、共同事務所には、単独事務所にはない競争と緊張感があることである。他団体からの派遣者の目もあるので緊張せざるを得ない。

　自治体海外事務所も、事業評価、事業仕分けの対象としなければならないことはいうまでもない。

(2) 多文化共生社会の構築

外国人住民の増加

　90年代以後、海外日系二三世、ベトナム難民等に、「就労制限がない定住者ビザ」が付与されることとなり、仕事を求めて移住者が大量に流入してきた。新たに来日した「定住者」は、職場の近くに住居を求め集まって住むことが多い。日本語が分からず、日本文化、生活習慣への理解も必ずしも十分ではない新住民たちは、地域社会で文化摩擦等のトラブルを起こすことも少なくない。外国人の日本語が分からない子供が小学校に入学した時、外国語等の通訳が必要となる。通訳経費は自治体負担となることがある。かつて外国人の多数を占めていた韓国朝鮮人は日本語を理解していたため、そのような問題は生じなかった。日本語が分からない外国人住民を想定していなかった自治体は対策に苦慮している。

　外国人問題の研究者、NGO等から「制度の壁、文化の壁、言葉の壁」に直面している外国人への積極的支援の必要性が指摘されている。自治体は、初めて経験する外国人向けの施策に困惑し、その都度、応急措置な対応をすることもあった。

　すべての外国人が、一律に支援を必要としているわけではない。「困っている外国人」は決して少なくないけれども、自立できている外国人もいる。このような「困っていない外国人」には、地域社会の住民として地域社会の国際化

48

に積極的に協力してもらうことも必要である。

筆者は、外国人住民は地域社会の良きパートナーと位置づけるべきであると考える。地域社会の「住民」である外国人は、「地域の個性と魅力を創出するパートナー」となりうる。外国人との共生により、新たな地域文化、地域の魅力を創造することが可能となる。

地域社会には、外国人を「隣人」として受け入れ共存していくことが求められている。多文化共生社会づくりのための市民啓発はきわめて大切である。日本人住民には、外国人を地域の住民として温かく受け入れること、外国人住民には地域社会の一員として地域のルール、しきたりを守ること等を訴え理解を求めなければならない。

外国人住民との共生のため、自治体には「多文化共生基本方針」を明確にすることが求められている。

外国人市民会議

外国人住民の意見を聞く場として「外国人市民会議」の創設も重要である。外国人住民には地方参政権が認められていないため、外国人住民の意見を行政に反映させるための会議である。1996年に川崎市が初めて外国人市民会議を創設して以来、全国の自治体でも同様の会議を創設している。

外国人市民会議を設立するとき、まず、会議そのものの根拠を条例とするのか、要綱とするのかと、会議の答申の効力についても議論しなければならない。会議の委員を外国人だけにするのかどうか、また、委員を行政が決めるのか、外国人団体から代表に選ばせるのか重要である。

在住外国人意識調査も定期的に実施する必要がある。外国人が行政にアクセスすることを容易にし、同時に、行政情報が外国人に届きやすくするための体制づくりも求められている。

外国人地方参政権

外国人地方参政権は、1993年に岸和田市議会が外国人定住者に地方参政権を付与することを議決し、以後、全国の自治体が同様の議決をすることが相次

いだ。1995年の最高裁判決の傍論で「憲法上禁止されていない」との判断が示されたことも拍車をかけ、参政権付与の運動が勢いづいた。

　少し長くなるが、最高裁の判断を、以下に引用する（前掲、長尾『外国人の参政権』5ページ）。

・憲法九三条二項にいう「住民」とは、地方公共団体の区域内に住所を有する日本国民を意味するものと解するのが相当であり、右規定は、わが国に在留する外国人に対して、地方公共団体の長、その議会の議員等の選挙の権利を保障したものということはできない。
・わが国に在留する外国人のうちでも永住者であってその居住する区域の地方公共団体と特段に緊密な関係を持つに至ったと認められるものについて、その意思を日常生活に密接な関連を有する地方公共団体の公共的事務の処理に反映させるべく、法律をもって、地方公共団体の長、その議会の議員等に対する選挙権を付与する措置を講ずることは、憲法上禁止されているものではないと解するのが相当である。
・しかしながら、右のような措置を講ずるか否かは、専ら国の立法政策に関わる事柄であって、このような措置を講じないからといって違憲の問題を生ずるものではない。

　つまり、最高裁は、外国人の地方選挙権は、導入してもしなくても合憲であると判断したのである。

　参政権付与への賛成意見の論拠としては、EUやスカンジナビア諸国では外国人住民に地方参政権が認められており、参政権付与は世界の大勢であること、定住外国人も住民であり日本人住民と同様の扱いを受ける権利があること、最高裁の傍論が出されたこと等である。
　一方、参政権付与への反対意見としては、地方参政権といえども国家の主権に関する問題であるので外国人には付与すべきではないこと、EUで外国人住

民に地方参政権を付与しているというが EU は全体として運命共同体の一つの
地域であり EU 構成国の国民には自由移動が認められていているため、日本と
は同様に扱えないこと等が挙げられている。なお、付与賛成派には、外国人も
税金を払っていることを付与の理由に挙げている人がいるが、地方税支払いは、
教育、道路使用等の対価であるので、参政権の問題とは直接関係ないと解され
ている。

外国人集住都市会議

　2001 年、浜松市長の働きかけで、浜松市において第 1 回会議が開催された
外国人集住都市会議は、急増する外国人の受け入れに悩む自治体が、連携して
情報交換し国への支援等を働きかけていくための組織である。この会議はその
後、参加市町村が増え、2012.4 月現在、29 都市が加入している。

　外国人集住都市会議の会員都市数は 29 市町（2012.4.1 現在）である（表 7）。

表 7　外国人集住都市会議参加市町

群馬県	伊勢崎市 太田市 大泉町
長野県	上田市 飯田市
岐阜県	大垣市 美濃加茂市 可児市
静岡県	浜松市 富士市 磐田市 掛川市 袋井市 湖西市 菊川市
愛知県	豊橋市 豊田市 小牧市 知立市
三重県	津市 四日市市 鈴鹿市 亀山市 伊賀市
滋賀県	長浜市 甲賀市 湖南市 愛荘町
岡山県	総社市

飯田市（外国人集住都市会議 2011,12 年度事務局）URL：http://www.shujutoshi.jp/member/index.htm（2012.10.7
アクセス）

住民との連携

　多文化共生のための事業推進には、住民の協力が不可欠である。地域社会で、
外国語堪能で国際経験が豊富な住民の協力を求め、彼らの力の活用を図らなけ
ればならない。市民ボランティアの協力を得て、行政窓口における多言語対応、
行政情報の多言語対応、医療窓口、学校等における多言語対応、外国人児童・
生徒への母語教育支援、外国人への日本語学習支援教室、外国人にも分かりや

第 2 章　グローバリゼーションの進展と自治体国際政策　51

すい案内標識・公共サインの多言語表記等の円滑な推進が可能になる。

(3) 国際経済施策

グローバリゼーションの進展で、自治体も地域活性化のため、国際経済に働きかけることが可能となった。自治体は、このチャンスを利用し、地域経済振興のため、国際経済に積極的に働きかける施策を展開するべきである。

外国人観光客誘致

自治体が展開する国際経済政策の第1は、外国人観光客の誘致である。中国の急速な経済発展で、富裕な中国人観光客誘致で地域おこしを目指す自治体がある。観光客誘致のためには、その地域固有の歴史、文化、景観、買物、味覚、音楽等の「観光魅力」を創出して売り込むことが大切である[3]。

観光客誘致のため、誘致した客の客数に応じて補助金を出す自治体もある。

MICE 誘致

第2は、MICE 誘致である。MICE とは、Meeting（会議、セミナー）、Incentive Tour（招待会、視察、表彰式）、Convention（学会、国際会議）、Exhibition（展示会、見本市）の頭文字である。

国際会議誘致、国際的イベント誘致は、地域の知名度を向上させ、経済効果も期待できる。映画祭、音楽祭、演劇祭等の国際的なイベントを自ら創造して集客を図る自治体もある。

映画ロケ誘致も地域振興に役立つ。神戸市では、市民ボランティアが、市と連携して映画撮影誘致のための組織を立ち上げている。「神戸フィルムオフィス」（2000年設置）は、「映画が撮影される街」を標榜し、神戸での映画撮影誘致に成果を上げている。

外資系企業誘致

第3は、外資系企業誘致である。日本経済の長期低迷で、国内企業が新た

に設備投資することが少なくなっているため、外資系企業誘致に力を入れる自治体もある。国内企業は地域との歴史的なつながりがあるので、新たな誘致は容易ではないが、外資系企業は、地域とのしがらみがないため、経済合理性さえあれば、立地する自治体は選ばない。そのうえ、意思決定がトップダウンであり極めて速い。外資系企業誘致は、直接的な雇用拡大等を通して地域経済にきわめて大きな好影響を及ぼすこととなる。

地元企業の海外進出支援

　第4は、自治体の域内企業の海外進出支援である。中小企業が海外に進出するには、情報力、資金力等の制約があり容易ではない。自治体が、域内の海外経験が豊富な住民の力を活用して、中小企業に顧問として派遣する方式がある。

　神戸市では、2012年7月、中小製造業のアジアへのビジネス展開を応援する「神戸市アジア進出支援センター」を設立した。中小製造業が海外展開する際に直面する人材、情報、ネットワーク不足という課題に対処するもので、アジアビジネスに関する情報提供や相談業務を行う。センターには海外ビジネス経験が豊富な専門家70人がアドバイザー[4]登録をしている。

　センターは、海外進出を検討する企業の業種、進出予定国、相談内容等に応じてアドバイザーを紹介し、派遣する。また、海外進出検討の支援、ビジネス展開リスク軽減支援、工業団地等の最新現地情報の提供、セミナー開催、ビジネスミッションの派遣等の事業を行う。アドバイザーは広く市民から公募して任命している。

神戸市の海上都市建設（外債発行、港湾整備、「埋立地」から「海上都市」へ）

　国際都市神戸は、60年代後半から、世界を相手に壮大な事業を展開してきた。神戸は1868年の開港以来、横浜と共にわが国の世界への窓口としての役割を果たしてきた。神戸市は1960年代後半から、神戸港に巨大な海上都市・ポートアイランドを建設し、コンテナ輸送革新に対応した物流基地整備と、先端的な都市機能を海上都市に導入した（表8）。

第2章　グローバリゼーションの進展と自治体国際政策　53

表 8　神戸市の海上都市

対象事業	土地利用	面積 ha	事業年度	工事費（億円）	左のうち外債発行（億円）	
ポートアイランド	コンテナターミナル、国際会議場・展示場・ホテル、住宅等	443	1966~1980	2,300	374	ドイツマルク債 4 回（4 億 DM）
ポートアイランド 2 期	コンテナターミナル、医療産業施設等	390	1986~2009	5.200	1,141	ドイツマルク債 7 回（7.2 億 DM）スイスフラン債 3 回（3 億 SF）
六甲アイランド	コンテナターミナル、ホテル、博物館、外国人学校、住宅等	595	1972~1992	5.400	2,047	スイスフラン債 4 回（5.9 億 SF）、ユーロドル債 5 回（9.8 億 $）、英ポンド債 1 回（2 億 Stg ポンド）
神戸空港	空港施設	272	1999~2012	3.140	—	
合計		1,700		16,040	3652	

出典：神戸市『主要プロジェクトこうべ』（2009 年）ほか

　海上都市は、港湾機能と都市機能を融合させた人工島である。

　海上都市の外郭はコンテナターミナル・埠頭等の港湾施設である。中心部の都市機能用地には、業務施設・ホテル・住宅等を配置した。コンテナターミナルには、世界中の船会社を誘致した。港湾施設の建設費は、事業主体の神戸市と国、阪神外貿埠頭公団が実質的にそれぞれ 2 分の 1 を負担した。神戸市として、海上都市の外郭部分は半分のコストで建設できることになる。

　海上都市建設のような大規模な事業を遂行するためには低利で巨額の資金が必要である。神戸市は、港湾施設の背後の「都市機能用地」建設費を賄うため、1968 年からドイツマルク債を発行して資金を調達した（表 9）。超低金利の現在からみると当時の金利は高いが、当時の国内資金（銀行縁故債）よりも 0.5 ～ 1 パーセント低かったのである。

　神戸市は、コンテナターミナルへの船社誘致のため、世界中にポートセールス活動を展開し、その結果、神戸港は世界有数のコンテナポートになった。

　ポートアイランドは 1981 年に完成した。完成記念に開催されたポートアイランド博覧会は、1610 万人の来場者を記録し、博覧会事業として大成功した。

博覧会の収益金65億を原資として兵庫県と神戸市で基金を造成し、その果実を地域振興事業に充当することとした。博覧会終了後、跡地に国際会議場、国際展示場とホテルが一体となったコンベンション施設を整備し、市がコンベンション都市宣言を行い、積極的にコンベンションを誘致した。

　さらに神戸市はポートアイランド2期、六甲アイランド、神戸空港を建設し3つの海上都市を建設し、3つの海上都市は神戸市発展の戦略基地となった。

表9　神戸市外債発行一覧

銘柄	発行年	発行額（外貨）	邦貨（億円）	表面利率（％）	発行価額（％）	償還（内据置）年	対象事業
ドイツマルク債①	1968.6.1	1億DM	90	7.00	99.50	15(3)	ポートアイランド
ドイツマルク債②	1969.5.1	1億DM	90	6.75	98.50	15(3)	ポートアイランド
ドイツマルク債③	1971.2.1	1億DM	98	7.75	100.00	15(3)	ポートアイランド
ドイツマルク債④	1972.5.1	1億DM	96	6.75	99.50	15(3)	ポートアイランド
ドイツマルク債⑤	1975.6.1	0.5億DM	62	8.25	100.00	5年(一括)	六甲アイランド
ドイツマルク債⑥	1976.6.1	1億DM	115	7.50	99.00	7年(一括)	六甲アイランド
ドイツマルク債⑦	1977.6.1	1億DM	116	6.50	99.00	10年(一括)	六甲アイランド
ドイツマルク債⑧	1978.7.1	1億DM	98	5.75	100.25	8年(一括)	六甲アイランド
ドイツマルク債⑨	1979.10.1	1.5億DM	185	7.125	100.25	10年(一括)	六甲アイランド
ドイツマルク債⑩	1980.7.1	1億DM	123	8.00	100.00	10年(一括)	六甲アイランド
スイスフラン債①	1981.7.22	1億SF	111	7.00	100.50	10年	六甲アイランド
スイスフラン債②	1982.5.25	1億SF	121	6.125	100.25	10年	六甲アイランド
ドイツマルク債⑪	1983.6.1	1.2億DM	113	7.00	99.50	10年(一括)	六甲アイランド
スイスフラン債③	1984.11.5	1億SF	97	5.75	100.00	10年	六甲アイランド
スイスフラン債④	1987.2.16	1億SF	100	4.50	100.25	10年(一括)	ポートアイランド2期
スイスフラン債⑤	1987.9.17	1億SF	95	4.75	99.50	10年(一括)	ポートアイランド2期
スイスフラン債⑥	1988.7.6	1.5億SF	133	4.625	100.375	10年(一括)	ポートアイランド2期

ユーロ ドル債①	1989.8.10	1.5 億 US$	209	8.875	101.60	10 年 (一括)	ポートアイラン ド 2 期
ユーロ ドル債②	1990.8.2	1.5 億 US$	230	9.25	101.70	10 年 (一括)	ポートアイラン ド 2 期
スイス フラン債⑦	1991.7.29	2.4 億 SF	217	6.375	101.25	10 年 (一括)	ポートアイラン ド 2 期
ユーロ ドル債③	1992.8.6	2.1 億 US$	264	7.50	99.40	10 年 (一括)	ポートアイラン ド 2 期
ユーロ ドル債④	1993.7.14	2.4 億 US$	257	6.375	99.62	10 年 (一括)	ポートアイラン ド 2 期
ユーロ 英ポンド債①	1994.10.20	2.0 億 stg ポンド	309	9.50	99.45	10 年 (一括)	ポートアイラン ド 2 期
ユーロ ドル債⑤	1995.10.17	2.3 億 US$	233	6.50	99.82	10 年 (一括)	ポートアイラン ド 2 期

(4) 地域国際協力

地域国際協力

　自治体も、地域国際協力により「地球的諸課題」解決に貢献することもできる[5]。

　グローバリゼーションの進展でヒト・モノ・カネ・情報が自由に地球を駆け巡っている。地球上の他の地域社会で起きている事象は、私たちの地域社会と決して無関係ではない。私たちの地域社会は、地球上の他の地域社会と密接に結びついている。

　いうまでもなく、国が行う政府開発援助（ODA）が、途上国援助や地球的課題解決の主力である。ところが、1990 年代になって、政府開発援助の限界が意識されだした。先進国が ODA で途上国のダム、空港、道路等のインフラを整備しても、それが必ずしも途上国の住民の生活向上と結び付かないことが指摘された。さらに、途上国の問題が先進国の住民にも決して無関係ではなく身近な問題であることも認識されだした。ハードの整備だけではなく「人間中心の開発」（People-Centered Development）が重要であることも指摘された。

　人間中心の開発には、福祉、公衆衛生、教育、上下水道、廃棄物処理等、自治体が平素の行政で培ってきた人材、ノウハウを活用することができる。住民のゆりかごから墓場までに責任を持つ自治体にとり、「人間中心の施策」は得

意分野であると言える。

地域国際協力は、「地球市民」としての「地球への貢献」である。

地域国際協力は、自治体と住民が連携して行うことが多い。地域国際協力により、協力する自治体は国際社会において知名度を向上し、プレゼンスを高めることもできる。自治体には地域国際協力実施にあたり、住民への開発教育、国際理解教育、市民啓発も必要となる。

昨今、自治体の財政状況はきわめて厳しい。自治体が単独で地域国際協力を実施することは決して容易ではない。自治体国際化協会（CLAIR）、国際協力機構（JICA）等と連携して行うことにより支援を受ける道もある。これらの機関と連携して事業を行うことにより、先端的な国際情報の入手も可能となる。地域国際協力は、地域益をもたらす。地域益は経済的利益だけではない。地域文化振興、住民の生きがい創出、地域経済への貢献等も地域益である。

地域社会と国際協力

地域の国際協力は誰がするのか。いうまでもなく自治体と住民である。住民は、通常、NGO、NPOを設立して、国際交流、国際協力活動をすることが多い。

国は、政府開発援助（ODA）を行っている。財源は国民の税金である。なぜ、国が、税金を使って国際協力するのか。「ODA大綱」では、ODAの基本理念として、人道的見地、相互依存関係の認識、自助努力、環境保全の4点をあげている。

自治省「国際協力推進大綱」（平成7年）では、自治体国際協力の意義として、①共生の精神、②対等なパートナーシップ、③多様なチャンネルによる世界平和への貢献、④人道的配慮、⑤地域活性化効果があげられている。

自治体は、福祉、義務教育、上下水道、都市交通等の得意業務で国際協力をする。これらの事務は自治体が平素の業務として行っており、人材・ノウハウもある。

自治体が国際協力する理由の第1は、地域活性化である。国際協力により、地域のアイデンティティの確立、地域活性化、異文化のふれあいを通した文化・生活の深まり、住民の国際意識及びボランティア精神の涵養、職員の人材育成、

姉妹都市提携内容の深化等が実現できる。

第2は、人道的配慮による国際貢献である。

第3は、共生の精神である。宇宙船地球号の地球市民は運命共同体であり、地球上の他の地域社会が直面している課題を解決するため、私たちの地域社会も可能な範囲で協力すべきである。

自治体は、平素の仕事を通じて生活に密着した分野の技術、ノウハウを持っている。この技術とノウハウで国際協力できる。まちづくり、環境・公害防止、上下水道、保健衛生、社会福祉、農林水産業、工業、防災、消防、行政等は自治体の得意分野である。外国の自治体には、このような技術、ノウハウを必要としている自治体がある。

自治体と NGO・NPO が協力して国際協力を行う。

神戸市や兵庫県は、阪神淡路大震災で大きな被害を受けたが、そのときの経験をもとに、外国の地震被災地の復旧、復興に協力をしている。台湾やトルコでの地震の際にも、仮設住宅を送り、復興を支援するための人材を派遣した。

稲作や果樹栽培、畜産、水産等等の農業技術、観光開発、教育、環境、福祉、保健医療、文化等で国際協力している自治体もある。

自治体の国際協力先は途上国に限らない。この点が、発展途上国を対象とした政府開発援助との大きな違いである。

広島県は姉妹州であるアメリカ・ハワイ州のそろばん教師養成に協力した。熊本市は姉妹都市のドイツ・ハイデルベルグ市へ職員を派遣し、市が保有する地下水汚染浄化法技術を提供した。

大阪市は、ベトナムの上水道事業に国際協力することを発表した[6]。神戸市は、地元企業が連携して、水道をはじめとするインフラ事業の海外展開に関して協力を行う方針を決定した[7]。

地方自治体が国際協力できる分野は極めて広い。

地域国際協力と ODA

自治体国際協力事業は ODA と対比してみるとその違いがわかりやすい。

第1は、自治体の国際協力は、相互理解と対等なパートナーシップが前提

である。地域の国際協力はお互いが対等な形でやらなければ長続きしない。

第2は、自治体国際協力は、協力相手が、ODAのように開発途上国には限らず、先進国（ODA非対象国）も含むという点である。共通の課題を抱える地域なら、先進国か途上国かを問わない。

第3は、自治体が、地域の特色ある資源や技術を生かした「顔の見える」国際協力をすることができることである。

第4は、姉妹提携を通じて培ってきた友好関係をもとに行う国際協力が多いということである。

ODAは広義の「国益」のために実施するものである。国益には、安全保障や地球環境の保護、資源保護等が含まれている。資源を外国に頼る日本にとり、ODAは日本人にとって必要なことであり、援助することが長期的に見れば国益にかなうという考え方である。

自治体は、国際協力を「地域益」のため実施する。自治体国際協力の結果もたらされる「地域益」は経済的利益だけではない。「地域益」には、地域活性化や、地域アイデンティティの確立、異文化とのふれあいを通じた文化・生活の深まり、住民の国際意識、ボランティア意識の涵養、職員人材の育成等があげられる。

自治体が行う国際協力に国が支援する制度がある。総務省、外務省、国際協力機構（JICA）、自治体国際化協会（CLAIR）等による支援であり、財政的支援、情報提供、ノウハウ提供等があげられる。

80年代神戸市の国際協力〜わが国地域国際協力の嚆矢〜

国際都市神戸市は、国際協力の面でも先進都市である。1984年、神戸市は、友好都市である中国天津市へ港湾技術協力を行った。顧問団の人件費は神戸市と参加企業が負担し、滞在経費、航空運賃等は天津市が負担した。

中国では、1979年からの対外経済開放政策に伴い、国営港湾が地方港湾に移管されることになった。天津港の管理を移管された天津市政府から、友好都市神戸市に技術指導の協力要請があった。神戸市は1984年から総勢12名からなる港湾技術顧問団を派遣した。12名のうち、神戸市職員は港湾建設・管理の専門家5名、民間人7名で、民間人は、神戸港の港運、物流業界の専門

家である。これが、日本の自治体の国際協力の端緒である。

　顧問団の派遣滞在費を天津側が負担したこと、自治体と民間専門家がチームを組んで顧問団を構成したことに注目していただきたい。また、神戸市の技術協力の結果、天津港の整備が進展し、中国の経済成長ともあいまって、天津港の取扱貨物、入港船舶が増え、それに伴い、神戸港への入港船舶、貨物も増えるという効果をもたらした。さらに、中国各地の港湾・物流関係者との人脈形成は、その後の神戸港のポートセールスに大いに役立った。国際協力が経済的な「地域益」につながったのである。

　神戸市が1972年に日中自治体初の友好都市提携したことは先に説明したが、日本の自治体で始めて中国に常駐事務所を開設したのも神戸市である。神戸市は、1985年に天津市に常駐事務所を設置した。わが国初の自治体中国常駐事務所である。当時、中国は対外経済開放政策をすすめており、外国からの合弁企業誘致に力を入れていた。事務所の仕事は、天津を中心とする中国の市場調査、合弁企業の経営状況調査、貿易促進、友好交流促進である。

　自治体による国際協力は、地球規模の課題解決につながるだけではなく、地域社会の活性化、自治体の国際的発言力の確保、自治体職員の資質向上等の成果をもたらす。

　自治体の国際協力は税金を使って行うものである以上、自治体は住民への説明責任がある。自治体の国際協力の事業は、住民参加の国際協力か、互いの地域に利益があるかどうかで評価される。

地域国際協力の課題

　課題の第1は、自治体の長期的な国際政策において、国際協力をどう位置づけるのかが挙げられる。

　第2は、自治体の人材育成である。国際事務を展開するには、自治体にグローバル・リテラシー[8]を持った人材が必要である。自治体にはそのような人材は極めて限られている。ところが、住民には、グローバル・リテラシーを持った人がたくさんいる。商社、船会社等の海外経験者が定年退職して年金生活者となり、自宅にいる。自治体は、地域社会にいるこれらの専門家を活用し、連携

60

して国際協力をすることができる。

第3は、地域のNGO・NPOとの連携である。自治体だけでは何もできない。地域の住民と連携して、いかに地域の総合力を発揮するかが大切である。

第4は、国、JICA（国際協力機構）、CLAIR（自治体国際化協会）等といかに連携するかである。連携して事業を行う場合、財政的支援を受け下請け的な協力だけではなく、自治体独自の発想でどのような「顔の見える」国際協力ができるかを探ることも大切である。

第5は、国際協力への事業評価と住民への説明責任である。税金を使って行う国際協力には、当然納税者の厳しい監視の目があり、実施する自治体には説明責任がある。

1　衛藤瀋吉他『国際関係論（第2版）』（東京大学出版会、2001年）34〜47ページ。
2　上掲書、34ページ。
3　堺屋太一は、観光客誘致のための装置作りについて、アトランタの観光開発に貢献したアラン・フォーバス（Allan Forbas）の議論を引用して示唆に富む見解を紹介している。観光開発に道路、飛行場、ホテル等を建設するのは二の次である。それらは観光のサポーティング・エクイプメント」すなわち、観光を支える施設であり、観光そのものの施設ではない。まず、観光そのものの施設、すなわち「あれがあるからあそこへ行きたいというアトラクティブ」を整備することが必要である。「観光アトラクティブ」は、①ヒストリー、歴史、②フィクション、物語、③リズム＆テイスト、音楽と料理、④ガール＆ギャンブル、⑤サイトシーイング、景色のいいところ、見るべき施設、⑥ショッピング、品ぞろえがよくて安価な商店街であり、このうち3つを揃えれば観光客を引き付けることができるとしている。『東大講義録』（講談社、2003年）17〜18ページ。
4　「神戸市アジア進出支援センター」アドバイザーに登録した加藤隆哉さん（1940年生）は、大手鉄鋼会社等で、ザンビア、エジプト、ヨルダン等において、プラント輸出、海外事務所設立等の業務を、得意の英語を駆使して第一線で経験し、2005年に定年退職した。応募した動機は「自分の現場での経験とノウハウを市内の中小企業に役立てたい」ことである。
5　地域社会が行う国際協力は、「地域国際協力」CDI（Community-based Development Initiative）、「自治体国際協力」MIC（Municipal International Cooperation）等と呼ばれている。地域国際協力については、拙論「地域社会と国際協力」『国際協力の現場から』

（晃洋書房、2003 年）を参照されたい。

6　大阪市は、ベトナムホーチミン市に水道、ごみ処理技術を提供する協定を同市人民委員会との間で締結した（読売新聞 2011 年 7 月 8 日朝刊）。

7　神戸市は、地元商社「神栄」との間に、水道をはじめとするインフラ事業の海外展開で相互協力する協定を結んだ。事業計画の立案、事業の運営、情報収集で協力する（日本経済新聞、2011 年 1 月 12 日朝刊）。

8　グローバル・リテラシーとは、Global（全世界の、地球上の、世界的な）と、Literacy（言語運用能力、教養がある、特定の分野に関する知識、能力）の造語であり、国際対応能力と訳される。グローバル・リテラシーには外国語能力だけでなく、異文化、国際問題、日本文化等に関する基礎的知識も含む。

第3章　自治体姉妹提携の意義
～自治体国際交流の原点～

1　自治体姉妹提携

　姉妹都市交流は、わが国自治体の国際交流の原点である[1]。

　姉妹都市とは「親善と文化交流を目的として特別に提携した二国間の都市」（小学館『大辞林』）である。2つの都市が姉妹提携することによって、双方の市民は提携先の都市に対し特別の親近感、連帯感を持つことがある。姉妹提携がなかったならば、全く関係がなかったかもしれない外国の都市と特別の関係ができるのである。

　姉妹都市は都市と都市の提携である。都道府県の提携は、それぞれ姉妹都、姉妹道、姉妹県という。英語では姉妹都市を sister city、twin city と呼び、姉妹県を sister prefecture という。煩雑さを避けるため、以下、市町村、都道府県の外国の自治体の提携関係を、姉妹都市提携と総称することもある。

　一般に、資本主義国との都市提携を原則として姉妹都市といい、社会主義国の都市との提携は友好都市（friendship city）という。国によっては資本主義国との提携でも友好提携と呼ぶ時もないわけではない。

　友好都市と言う用語は、神戸市が1972年に日中初の都市提携をするときに、中国側が固執した用語である。神戸市と天津市との友好提携は、中国として初めての外国の都市との提携である。提携に際し、中国側は姉妹都市では姉と妹という上下関係ができることになり対等の関係ではないと言う理由で、姉妹都市という呼称を嫌がり、友好都市にこだわった。神戸市は全くこだわる理由はなく、友好都市提携とすることはすんなりと決まった。

2 市民が姉妹都市に対して持つ親近感

市民は姉妹提携している相手都市に特別の親近感を持つことがある。

かつて筆者は欧州への出張の途上、機内放送で、たまたま神戸の姉妹都市であるリガ市の名前を聞いた時、特別の感慨を持った経験がある。東西冷戦時代の 1975 年の 5 月だった。「当機は、ただいま、古都・リガ市上空を飛行中です。リガは、バルト海の真珠と呼ばれる美しい町です」。機内アナウンスが流れ、乗客はいっせいに窓から外を眺めた。眼下には進行方向にバルト海が広がり、後方には緑の平原が地平線まで広がっていた。日本から欧州への航空ルートは、まだ直行便はなく、アンカレッジかモスクワ経由便しかなかった時代である。筆者初めての外国出張で、東京からモスクワ経由でフランクフルトへ向かっていたときのことである。途中寄港地のモスクワ・シェレメーチェヴォ空港の自動小銃を持った若い無表情の兵士達の姿をみて、外国へ来たこと実感し、いささか緊張気味であった筆者は、神戸の姉妹都市リガが、思いがけずこんな形で乗客に紹介されたことが、なぜかうれしかった。それまで行ったこともなかったリガが、ただ神戸の友好都市であるというだけで、神戸市民の私がリガに対して特別の親近感を抱いていることに初めて気がついた。

3 自治体姉妹提携の系譜

(1) 沿革

姉妹都市の端緒は 1893 年に提携した米国ニューベルン（ノースカロライナ州）とスイスのベルンである。両都市は移民の送り出し先と受け入れ先という関係であった[2]。

第 2 次大戦後、米国アイゼンハワー大統領は、1956 年に「ピープル・トゥ・ピープル・プログラム」（People to People program）を提唱した[3]。プログラムの中核は、姉妹都市提携による交流である。アメリカの都市と外国の都市の

市民が姉妹提携によって交流することにより、相互の理解を促進し世界平和につなげるというものであった。いうまでもなく、外交は国と国が国益を背負って行うものであるが、姉妹都市交流は、国際政治とは関係なく、都市と都市が提携し人と人が交流するものである。

わが国初の姉妹都市提携は、1955年に提携した長崎市とセントポール市（米国ミネソタ州）である。この提携は米国側が長崎市に働きかけて実現した。米国側が長崎を選んだ理由は、原爆投下の贖罪感と決して無関係ではあるまい。

第二次大戦が終わるまで、わが国の自治体が外国の自治体と直接交流する機会はほとんどなかった。戦後、米国は日米の姉妹都市提携を推進した。米国側から神戸市にシアトル市との姉妹提携の打診があったのもこのころである。神戸市とシアトル市は1957年に姉妹都市になった。日本側の市長たちは、姉妹都市交流により、戦前には想像もできなかった「地方自治」を実感し、新しい時代の到来を肌で感じた。

(2) 姉妹都市の要件

自治体国際化協会は、わが国自治体の国際化を推進するために、1988年に設立された財団法人である。

CLAIRは、姉妹都市の要件を次のように規定している。

①首長[4]が調印した提携書があること、②議会の承認を得たものであること、③交流が特定の分野に限られていないこと、である。

「首長が調印した提携書があること」を規定しているのは、4年ごとに到来する首長選挙で、首長が交代したときでも、新しい首長が前の首長による対外的な約束である姉妹提携を継続していくことを担保するためである。また、「議会の承認を得たもの」と規定している理由は、首長が、議会の承認を得ずに勝手に外国の都市と提携する約束をして、後で、議会が交流予算を承認しないという事態を防ぐためである。また、「交流が特定の分野に限られていないこと」とは、姉妹提携はあらゆる分野にわたって交流するという意味である。姉妹都市交流の内容は、市民の相互訪問、教育、文化、スポーツ、医療、経済、行政

などである[5]。

　姉妹提携とよく似た用語に、「親善協力都市」がある。神戸市の定義によると、姉妹都市と親善協力都市の違いは、姉妹都市は「包括的な交流」であるが、親善協力都市は「協定に基づいて特定の分野」について「お互いに意義があると考えられる交流内容」を協定に盛り込み、「個別的で具体的な交流」を進めるものである[6]。神戸市は、姉妹都市（シアトル、マルセイユ、リオデジャネイロ、天津、リガ、ブリスベン，バルセロナ、仁川広域市）以外に、親善協力都市提携を、1986年にフィラデルフィア市、2010年に韓国大邱市とそれぞれ結んでいる。

　親善協力都市と似た用語に、「交流促進協定締結都市」（仙台市）、「交流促進都市」（大分市）等がある。仙台市は、姉妹都市（リバーサイド（米）、レンヌ（仏）、ミンスク、アカプルコ、長春、ダラス、光州）の他に、2005年に台湾・台南市と「交流促進協定締結都市」となり、2006年にフィンランド・オウル市と「産業振興に関する協定締結都市」になった。大分市は、姉妹都市（アベイロ（ポルトガル）、武漢、オースチン（米）に加えて、2012年に中国広州市と「交流促進都市」協定を締結した。

4　わが国自治体の姉妹提携

(1) 姉妹提携の端緒と発展

　長崎・セントポールの姉妹提携に続いて、わが国の地方自治体は次々と外国の自治体と姉妹提携[7]をした。姉妹提携の推移は次のとおりである。

　　1945年　終戦
　　1951年　サンフランシスコ講和条約締調印
　　1952年　サンフランシスコ講和条約発効
　　1955年　長崎市－セントポール市姉妹都市提携（姉妹都市提携第1号）
　　1960年　東京都－ニューヨーク市姉妹提携（都道府県姉妹提携第1号）

1962 年　東京都大島町とハワイ州ヒロ姉妹提携（「町」姉妹提携第 1 号）

1966 年　姉妹提携 100 件を突破

1971 年　長崎県湯沢温泉村とオーストリア・サンアントン（「村」姉妹提
　　　　　携第 1 号）

1973 年　神戸市が中国天津市と「日中初の友好都市」提携

1975 年　長洲一二神奈川県知事「民際外交」[8]を提唱

1987 年　JET プログラム[9]（外国青年招致事業）発足

1993 年　姉妹提携 1,000 件突破

2003 年　姉妹提携 1,500 件突破

2012 年　姉妹提携 1,619 件（8 月末現在）

(2) 姉妹提携の現況

　わが国自治体の姉妹提携数は、2012 年 8 月 31 日現在、1619 件であり、
都道府県 136 件、市町村合計 1483 件である（表 10）。

表 10　姉妹提携件数及び姉妹提携自治体数　　　　　　　　　　　2012/8/31 現在

区　分	姉妹提携件数	姉妹提携自治体数	複数姉妹提携自治体数
都道府県	136	42	33
市	1159	545	311
区	39	21	12
町	252	209	38
村	33	30	3
合計	1619	847	397

※ 1 姉妹提携件数には、複数自治体による合同提携 4 件 (5 市 6 町) を含む。
※ 2 姉妹提携自治体数には、複数姉妹提携自治体数を含む。
自治体国際化協会 URL：http://www.clair.or.jp/cgi-bin/simai/j/00.cgi（2012.9.7 アクセス）

　わが国 47 都道府県のうち、42 都道府県が 127 件の姉妹提携をしている。

　姉妹提携をしていない県は、岩手、福島、石川、大分、宮崎の 5 県である。
県としては姉妹提携をしていないが、これらの県内の市町村は姉妹提携をして
いる。

　2008 年 10 月に、筆者の研究室の学生が卒業論文を書くために、姉妹提携

していない県に質問状を送り、その理由を尋ねたところ、「全方位国際交流を原則とする」「提携しなくても別に不便はない」との回答があった。

佐賀県と奈良県は 2010 年まで提携していなかったが、2011 年に佐賀県が韓国全羅南道と、奈良県が韓国忠清南道、中国陝西省と提携した。

市町村 1,719（市 788、町 747、村 184。2012 年 10 月 1 日現在）と特別区 23 の計 1,742 のうち、48.6 パーセントにあたる 847 市区町村が 1483 件の提携をしている。

わが国の市町村数は「平成の大合併」で、1999 年の 3,232 が、2012 年10 月には 1,719 団体（1999 年比 53.2％）に激減した [10]。合併で市町村数は約半数になったけれども、姉妹提携数は、逆に毎年着実に増えている（図 1）。

図 1　姉妹自治体提携件数（全地方公共団体）の推移

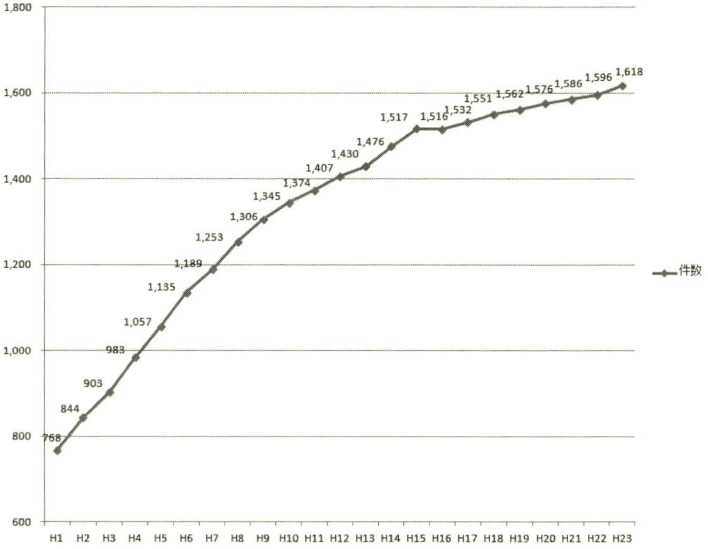

自治体国際化協会 URL：http://www.clair.or.jp/cgi-bin/simai/j/00.cgi（2012.10.8 アクセス）

「平成の大合併」で合併した市町村が、合併前に姉妹提携をしていた外国の都市との提携を合併後もそのまま続ける、としているケースが少なくない。富山県南砺市は、2004年11月1日に8つの町村（城端町、平村、上平村、利賀村、井波町、井口村、福野町、福光町）が合併して人口5万6千人の市となった。合併当初、南砺市は合併前にそれぞれの町村が提携していた姉妹提携8件をそのまま引き継いでいたが、その後提携数を整理し、現在、昭興市（中国）、ツクチェ村（ネパール）、デルフィ市（ギリシア）、マルボロ市（アメリカ・ニュージャージー州）の4つの都市と姉妹提携をしている[11]。

章末の表11は、わが国地方自治体の、姉妹提携の相手先国別内訳である。

都道府県の提携相手を国別にみると、①中国36（都道府件提携数の26.5％）、②アメリカ24（17.0％）、③ブラジル11（8.1％）、韓国11（8.1％）、④ロシア9（6.6％）、⑤オーストラリア6（4.4％）、フランス6（4.4％）である。ブラジルが上位を占めているのは、ブラジルには130万人の日系人が住んでおり、出身地別に「都道府県人会」を作り連帯を強めているという背景がある。

一方、市町村の提携相手を国別にみると、①アメリカ414（市町村提携数の27.9％）、②中国309（20.8％）、③韓国128（8.6％）、④オーストラリア103（7.0％）、⑤カナダ69（4.7％）であり、以下、ドイツ48（3.2％）、ブラジル46（3.1％）、ニュージーランド41（2.8％）、フランス41（2.8％）、ロシア34（2.3％）となっている。

市町村の提携先として、英語を母国語とする国（アメリカ、カナダ、オーストラリア、ニュージーランド）が上位を占めている。青少年を姉妹提携先に英語研修などのために派遣することが多いことがうかがえる。

1999（平成11）年度から進められた平成の大合併で、市町村数は前述のとおり約半数になった。けれども、姉妹提携数は年々増加している。ということは、合併後の市町村は、合併前の市町村の姉妹提携関係を維持し、さらに、新規姉妹提携があるということを表している。

第3章　自治体姉妹提携の意義〜自治体国際交流の原点〜　69

5　自治体姉妹提携の意義

(1) 姉妹提携の意義

　姉妹提携は提携した双方の自治体に利益をもたらすだけではなく、市民と市民の交流を通じて結果的に世界平和にも貢献することとなる。

　提携が地域社会にもたらす効果として、次の点を指摘することができる[12]。

　第1は、先進的な行政、地域運営ノウハウの入手である。提携先や提携先の国が実施している先進的な行政施策の情報を、姉妹提携による交流を通じて入手し、それを、わが国自治体の行政に導入することは、たとえば、排ガス規制などの環境対策、都市交通システムなどにおいて、つとに実績をあげているところである。

　第2は、青少年の国際対応能力の向上である。姉妹提携をしている相手先へ青少年を派遣し交流させる自治体が少なくない。青少年の交流によって、彼らのグローバル・リテラシーが涵養されることとなる。

　第3は、多文化共生社会の実現への寄与である。90年の「改正入管法」施行によって、ベトナム難民、南米日系二・三世には「定住者ビザ」制度が創設され、就労機会を求めて外国人が流入することとなった。80年代まで、わが国における登録外国人の9割は「在日」とよばれる韓国朝鮮人であったが、90年代以後、多国籍の外国人が大量に流入した。わが国は今多文化社会の胎動期にあるといえる。人種のるつぼであるアメリカ、移民受け入れ大国であるオーストラリア、歴史的に移民が人口に占める比率が高いヨーロッパなどの諸都市は多文化社会への先進的な施策がある。姉妹提携によって、これらの施策を学ぶことにより、多文化共生社会づくりを目指すための指針を得ることができる。

　第4は地域経済の活性化である。姉妹提携している都市を通じて得る経済情報は、外資系企業誘致に活用することができ、また、MICE誘致、観光・コンベンション誘致は地域経済の活性化につながる。

姉妹提携が相手自治体や、国際社会にもたらす貢献として次の点を指摘することができる。

　第1は、提携都市の市民同士が信頼関係を構築することによって、国民同士の相互理解が深まり、結果的に世界平和に寄与することとなることである。

　阪神淡路大震災で神戸が壊滅的な被害を受けたとき、神戸には世界中から多くの支援が寄せられた。姉妹都市からの支援は、被災した神戸が特に必要としていた支援物資が的確に届けられた。平素の交流があった両市の担当者同士の連絡で、被災地神戸にいま何が必要なのかが、支援する都市側に正しく伝えられていたからである。

　第2は、都市問題解決のためのノウハウ提供である。北九州市は、かつての深刻な公害を克服してきた経験とそのノウハウ等に基づく独自の公害処理技術を、友好都市大連に提供し大きな成果をあげている。また、神戸市は、1984年から2年間、友好都市・天津市からの要請を受け、天津市に「港湾技術顧問団」を派遣し、天津港建設の技術と港湾管理ノウハウを提供し、中国の近代化に必要な物流システムの構築に大きな貢献をした。

　第3は、国としての対外関係の総合力強化である。姉妹都市の存在と市民と市民の連帯感は外交を支えるものとしてきわめて重要である。

　第4は社会体制が異なる国にとっての「自由主義国への窓口」となることがあげられる。神戸市とラトビア共和国のリガ市は、1973年に友好提携した。あるラトビア人は、「ソ連支配時代、ラトビア人にとり、友好都市神戸市は、西側を垣間見る「窓」であった。ラトビア人は神戸と言う窓から西側諸国を見ていた」と筆者に証言した。

(2) 日中初の友好都市〜神戸市と天津市〜

　姉妹提携が、提携した自治体にとりどのような意義があったのかを、神戸市と中国天津市の例から概観する。

　神戸市と天津市は、1973年、周恩来首相の斡旋で、日中の自治体で初めての都市提携をした。この提携は、中国にとっては初めての外国都市との提携で

あった。当時、中国の文化大革命が終焉を迎え、新たな対外政策を模索していた頃であった。中国側は提携にあたり、3つの原則にこだわった。それは、①「姉妹都市」ではなく「友好都市」とすること、②互恵平等の提携、③子々孫々までの友好、である。

この提携により、神戸と天津は固いきずなで結ばれることになった。当時、中国はまだ西側諸国にあまり知られていない国であった。提携により、「友好の船」「友好の翼」など市民の相互訪問、交流事業が相次いだ。提携直後に発生したオイルショックで、日本でトイレットペーパーなどの「物不足」現象が起きた時は、天津市は神戸市に日本で不足していた生活必需品を大量に提供した。また、1981年に神戸市がポートアイランド博覧会（「ポートピア81」）を開催した際、天津市は、当時まだ珍しかったパンダを神戸に送り、あわせて大規模物産展示館を建設して博覧会に参加した。

1984年から1985年にかけて、神戸市は天津市側からの要請を受け、天津港の近代化を支援するため「天津港近代化港湾顧問団」を派遣した。中国の対外開放政策[13]で、国営港湾が天津市に移管されたことにより、天津側は友好都市・友好港の神戸に協力を求めてきたのである。わが国の地域国際協力の先駆けとなるこの国際協力は、天津港の近代化に大きな役割を果たした。天津港が近代化した結果、神戸港と中国の貿易貨物量が飛躍的に伸びた。

神戸市は1985年5月に、わが国自治体としては初めての「中国常駐事務所」を天津市に開設した。事務所の目的は天津市をはじめとする中国の投資環境調査、貿易促進、友好促進である。

中国が、対外経済開放路線を採択したのは1978年である。外国からの直接投資導入による経済改革を目指して、沿海開放都市や経済特区などが競って外国企業を誘致していた。

その後の中国の発展ぶりは目をみはるばかりである。

6 自治体姉妹提携と政治

(1) 旧ソ連の自治体との友好提携～神戸市とリガ市～

　リガ市はラトビア共和国の首都である。ラトビア共和国は、エストニア、リトアニアとともにバルト3国と呼ばれている。バルト3国は、19世紀初めまでロシア帝国の支配下にあったが、第一次大戦後の1918年に、そろってロシアからの独立を宣言した。しかし、独立は22年しか続かず、1940年になって再びソ連邦に併合された。

　冷戦時代、社会主義国の盟主ソ連と自由主義国の盟主米国は、地球を東と西に分断して対峙していた。当時、ソ連は国民に西側諸国の情報をほとんど知らせなかった。そのような中で、1974年、神戸市とラトビア共和国の首都リガ市は友好提携をした。当時のわが国の政治体制は、「55体制」とよばれる与党・自由民主党と野党・社会党の2大政党時代であった。地方政治でも、社会党、共産党が大きな影響力を持っており、社共両党の支持を得て当選したいわゆる「革新首長」が勢力を誇っていた。革新首長はソ連、中国などの社会主義国の都市との友好提携を進めた。神戸市においても、1973年に社会党、共産党の支持を得た「革新市長」が誕生した。神戸市は、1973年に中国天津市と、その翌1974年にはソ連ラトビア共和国リガと提携した。

　神戸市とリガ市は、この提携をきっかけとして、市民、行政関係者の活発な交流が行われることとなった。この交流が、のちにラトビア人にとって大きな意味を持つことになる。

　1980年、リガ市を初めて訪問した筆者を空港に出迎えてくれたのは、初老の白髪の通訳のK氏であった。ハルピンの東亜外国語学院で日本語を学んだK氏は流ちょうな日本語を話した。K氏は「私たちはロシア人を尊敬はするが、決して好きにはなれない」と、こっそり教えてくれた。ラトビア人の本音はロシア人嫌いである。

　ソ連崩壊前、リガ市を訪れたゴルバチョフ首相はリガ市民と直接対話した。

第3章　自治体姉妹提携の意義～自治体国際交流の原点～　73

ソ連内務省の特殊部隊がラトビア内務省に発砲し、市民 6 人が死亡する事件が起きた。テレビを通してこれらのニュースはリアルタイムで世界に流された。圧倒的な軍事力で東側諸国の盟主として君臨していたソ連もあえなく崩壊した。その後、ラトビアは独立した。新生ラトビア共和国は、1940 年にソ連に併合される前のラトビア国旗を復活させた。神戸市とリガ市も、1991 年、神戸で新たに姉妹都市協定を再調印した。

K氏と神戸で再会したのは、ソ連が崩壊して約 10 年が経過した 2001 年であった。リガ市の音楽代表団の通訳として来神したK氏は、神戸とリガの交流の効果について、次のように語った。「ソ連が崩壊する前、ソ連邦内の各共和国では混乱があったが、ラトビアはあまり大きな混乱がなかった。なぜなら、私たちは自由主義国の動き、他の共産主義国の動きを知っていたからだ。友好都市神戸は私たちラトビア人にとって世界への窓口であった。私たちは神戸を通じて世界の情勢を見ていた」。

K氏のこの言葉は、姉妹提携による市民同士の交流、人の往来が、どれほど世界平和に貢献することになるかを筆者に教えてくれた。

(2) 国交がない国の自治体との友好提携
～鳥取県・境港市と北朝鮮・元山市～

日本と北朝鮮（朝鮮人民民主主義共和国）はまだ国交がない。国連加盟 193 か国のうち、84 パーセント強の 162 か国が北朝鮮を承認している。日本、アメリカ、韓国などがまだ北朝鮮と国交を持っていないのは、北朝鮮が核武装、ミサイル発射、拉致などで東北アジアの安定を脅かしているためである。北朝鮮と国際社会は、六者協議（日本、韓国、北朝鮮、中国、米国、ロシア）の枠組みを作り、北朝鮮に核放棄と国際社会への復帰を求めているが、北朝鮮は六者協議を抜け出してしまった。

日本の都市と北朝鮮の都市が友好提携をした例がある。

1992 年 5 月 14 日、鳥取県境港市は、北朝鮮江原道元山市と友好提携をした。わが国唯一の北朝鮮との友好都市提携である。

2006年10月、境港市は北朝鮮の核実験に抗議して北朝鮮側に友好提携破棄を通告し、14年続いた日朝唯一の友好都市提携は終了した。

提携破棄についての、境港市中村勝治市長の記者会見における説明は次のとおりである[14]。

2006年5月13日、元山市との提携破棄を報告する境港市長記者会見（全文）

境港市は、朝鮮民主主義人民共和国（以下「北朝鮮」）元山市との長い交流の歴史や境港市議会決議等を踏まえ、1992年5月14日、黒見前市長と元山市長との間で友好都市盟約に関する協定を締結し、両市並びに市民との親善交流を進めてきた。環日本海地域の発展を目指して、周辺各国の地方都市同士が積極的な交流を通じ信頼関係を築いていく中で、北朝鮮との関係においては、我が国との国交正常化の実現と同国の国際社会への復帰を願うとともに、元山市との交流が一層促進されることを大いに期待し今日に至っている。

北朝鮮をめぐっては、拉致による人権問題、あるいは日本海漁業の安全操業等を脅かすミサイル発射など、我が国の主権と安全保障に脅威を与える姿勢が顕在化するたびに、日本国内から、北朝鮮の都市と唯一友好都市盟約を結ぶ本市に対し多くの非難が寄せられてきたところであるが、そのような中にあっても、本市においては、長い交渉の年月と労苦を重ねて実現した友好関係を守るべく懸命の努力を続けてきたところである。しかし、このたび、国際社会が再三にわたって自制を求める中で、北朝鮮が核実験を強行したことは、我が国のみならず北東アジア地域の平和と安全に対する重大な挑戦であり、いかなる理由があろうとも、非核都市宣言をしている本市としても、そのような暴挙を決して容認することはできない。国連安全保障理事会において、国際社会全体として北朝鮮に厳しい対応をとるべく議論が進められている中、本日、我が国政府は独自に、北朝鮮に対するより厳格な制裁措置を決定した。

このような中にあっては、たとえこの事態を招いたのが北朝鮮による国家的行動であると言えども、地方都市間の交流関係においても見直しせざるを得ない状況に至ったと判断する。長年にわたって維持してきた友好関係を解消することは、先人の努力を思うとき大変残念であるが、北朝鮮がすべての核兵器、

核計画を放棄し、国際社会との協調の道を歩まない限り、両市の親善と協力を
発展させることは極めて困難である。

　したがって、本市はここに、元山市と締結した友好都市盟約を破棄すること
とした。以上申し上げたことを、近く元山市に通知したい。

　境港市は日本海に面した人口3万5708人（2012年4月現在）の漁業の町
である。そもそも、境港市がなぜ国交がない北朝鮮の元山市と友好提携したの
か。その経緯は次のとおりである（境港市役所「境港市の国際交流について」
（2004年）から要約）。

　境港市は戦前から朝鮮半島との交易が盛んであり、1930年代には、大連、
仁川、元山、釜山、浦項との間に定期航路が開設され、人や物資の往来が盛ん
であった。日本、中国東北部、韓国、北朝鮮などが含まれる環日本海地域は3
億人の人口、豊かな天然資源等を有する大きな可能性を秘めた地域である。境
港市の国際交流は、環日本海時代の交流拠点を目指す形で行われてきた。

　元山市と境港市は明治時代からヒト・モノの交流が盛んであった。

　このような歴史的背景に基づき、1971年に境港市議会で日朝親善促進要望
決議が行われた。1979年から1991年にかけて、市議会が中心となり7回の
訪朝団を派遣し、友好都市提携や漁業関係等について協議を重ね、1992年5月、
8度目の訪朝の際、元山市で友好都市協定書に調印した。東西冷戦時代が終わ
り、日本海が平和の海になったという機運が全国的に高まった時代である。締
結の目的は、境港市として、古くからあった北朝鮮との交流のきずなを大切に
しながら、市民の親善と協力を促進することであった。

　「環日本海時代の到来には、朝鮮半島に和平が不可欠であります。境港市は
日本政府の法律を遵守し、外交方針を守る中で、市民レベルの交流によって相
互理解を深めること中心としています」（境港市資料）。

　両市の友好提携の経緯は次のとおりである。

　1971・12　日朝友好親善促進要望決議

　1979・　5　第1次訪朝団派遣

1979・9　境港市日朝友好促進議員連盟結成

1980　　　境港市日朝友好協会、境港市日朝友好青年交流協会設立

1980　　　金剛山歌劇団、境港で公演

1980・5　第2次訪朝団派遣。元山市友好姉妹都市盟約書を渡す

1980・8　北朝鮮視察団、境港訪問（漁業関係施設視察）

1981・11　第3次訪朝団派遣。日朝民間漁業暫定協定の延長要望書提出。

1982・6　（日朝民間漁業暫定協定期限切れ）

1984・6　第4次訪朝団派遣。友好都市提携親書を手渡す
　　　　　北朝鮮水域での日本漁船操業再開を要望

1987・9　第5次訪朝団派遣

1990・5　江原道親善代表団、境港訪問

1990・9・26　「朝鮮民主主義人民共和国との早期国交樹立促進方要望の
　　　　　意見書提出」

1990・10　第6次訪朝団派遣

1991・9　第7次訪朝団派遣。元山市との友好都市盟約を約束して帰国

1992・3・10　「元山市との友好協定促進要望」決議

1992・5・14　第8次訪朝団派遣。元山市で友好都市盟約に関する協定
　　　　　書調印

（この協定に基づき、相互訪問、金剛山舞踏団公演、児童絵画交換、水産資
源輸入、北朝鮮への水害見舞い等多くの交流が行われた）

2006・10・13　北朝鮮の核実験実施に抗議し境港市長が「友好提携破棄宣言」

　国交がない国の自治体と友好提携した境港市の「自治体外交」の試みは大い
に評価できる。また、北朝鮮の核実験に抗議して友好提携を破棄したことは、
一般的に自己主張することがほとんどないわが国の自治体としては、勇気ある
行動であると言える。

　ソ連時代のリガと神戸の提携が、リガの人たちに世界を見る機会を提供した
ように、国民に自由がなく、海外渡航も許されてない北朝鮮の国民にとって、
境港市は「世界を見る窓」の役割を果たしたのであろうか。

(3) 自治体姉妹提携と政治〜姉妹・友好提携の政治的利用〜

　姉妹・友好提携交流は、提携相手側から政治的な理由で休止や延期されることがしばしばある。姉妹都市提携が、相手国政府の都合で政治的に利用されているのである。このような場合、日本側は先方の一方的な通告を黙って受け入れることがほとんどである。

岡山市と台湾新竹市

　岡山市は 2003 年 4 月 21 日、台湾新竹市と姉妹都市提携をした。県庁所在都市として初めての台湾の都市との友好提携である。岡山市はつとに 1981 年に中国洛陽市と友好提携を締結している。

　岡山市と新竹市との提携に、洛陽市から岡山市に「提携をやめるように」との抗議があった。岡山市と洛陽市は、事前の折衝を重ねた結果、「日中共同声明の原則を順守し、国名表記はしない」なら洛陽市は黙認、との暗黙の合意ができた。

　調印式は岡山市で行われた。協定書は日本文と中国文がそれぞれ用意された。協定書に国名は印刷されていない。

　調印式の席上で、岡山市長は日本語の協定書にペンで「岡山市民のために　萩原誠司」、中国語の協定書に、「為岡山市民　萩原誠司」と書き込んだ。新竹市長は日本語の協定書に「台湾新竹市　林政則」とペンで書いた。ところが、中国語の協定書に新竹市長が「中華民国台湾新竹市　林政則」とペンで書き入れた。

　新竹市長が中華民国の呼称を使ったことに対し、中国側がすぐに反発し、洛陽市長から「洛陽と岡山の 30 年の友好を損なった。友好関係を凍結する」旨の書状が届いた。岡山市長は「日中共同声明の精神に反していない。都市と都市、市民と市民の交流である。署名は両市長がそれぞれの判断と責任で実施した」旨書面で反論した。けれども、洛陽市長から「貴市が『二つの中国』を認め、過ちを正さないことに抗議し、中日共同声明等の精神と両市民の利益を保

岡山市・新竹市友好交流協定書 [15]

護するため、岡山市との友好関係を凍結することを厳粛に宣言する」旨の書状が届いた [16]。

　調印式席上で、新竹市長が「中華民国」と言う国名は使用したとき、岡山市長はその場で「約束違反」として抗議し、協定書を差し替えて、国名を書かない協定書にすべきであった。とはいえ、日本人の心情として、相手に恥をかかせられないとして、その場での協定書の差し替えを申し入れにくかったのではないかとも考えられる。

　そもそも姉妹提携の本旨が「都市と都市の友好促進」である。日本の自治体が台湾の自治体と姉妹提携することは、「中華民国」という国名は使わないかぎり、法的には何の問題もない。

　米国の自治体では、中国と台湾の両方の自治体と姉妹提携しているところは多い。サンフランシスコ市は上海市と台北市、ロスアンゼルス市は広州市と台北市、ポートランド市は蘇州市と高雄市とそれぞれ提携している。

　オーストラリアのブリスベン市は、1992年に中国深圳市と友好提携し、その5年後の1997年に台湾高雄市と姉妹提携をした [17]。筆者は、かつてブリスベン市を訪問した際、同市の副市長に「台湾と姉妹提携するときに、先に提携している中国深圳市から、クレームがつかなかったか」と尋ねたことがある。副市長の答えは「中国の総領事館から提携をやめるようにとの申し入れがあった。私は、都市と都市、市民と市民の提携であるので問題はない、と突っぱねた」と答えた。日本の自治体もこの姿勢を見習って、外国からの内政干渉ともいえる圧力には、毅然たる態度で接する必要がある。

第3章　自治体姉妹提携の意義〜自治体国際交流の原点〜　79

表11　日本の自治体の台湾の自治体との姉妹・友好提携

県名	自治体名称	提携自治体名	提携年月日
青森県	大間町	虎尾鎮（雲林縣）	1979.10.10
秋田県	上小阿仁村	萬巒郷（屏東縣）	1991.10.3
秋田県	美郷町	瑞穂郷（花蓮縣）	2001.7.9
福島県	玉川村	鹿谷郷（南投縣）	1988.5.3
群馬県	上野村	卓蘭鎮（苗栗縣）	1989.10.28
東京都	八王子市	高雄市	2006.11.01
福井県	美浜町	石門郷	1988.8.10
鳥取県	北栄町	大肚郷（台中縣）	2010.7.27
岡山県	岡山市	新竹市	2003.4.21
徳島県	牟岐町	埔塩郷	1983.7.22
沖縄県	石垣市	蘇澳鎮（宜蘭縣）	1995.9.26
沖縄県	与那国町	花蓮市（花蓮縣）	1982.10.8

自治体国際化協会 URL[18] を一部筆者が加工した。

　日本と台湾の自治体間で、2012年10月現在、11件の姉妹・友好提携が結ばれており、日本側の自治体は、市が3件（岡山市、八王子市、石垣市）で、町が8件である。

　台湾の都市との提携について、筆者にもほろ苦い思い出がある。1990年頃、台湾の高雄市が、神戸市と姉妹提携したい意向があるとの情報が、港湾関係者を通じて神戸市にもたらされた。高雄市は、台湾第2の大都市で、急速に発展している高雄港を擁する港湾都市である。当時、港湾局の課長として神戸港のポートセールスを担当していた筆者は、上司から高雄市との提携について外務省と相談するようにとの指示を受けた。神戸市は、中国天津市と日中初の都市提携（1972年）を締結していること、天津市の依頼を受けて神戸市港湾技術顧問団を天津に派遣（1984年）したこと、日本の自治体として初めての常駐事務所を天津市に開設（1985年）したことなど、神戸市と天津市は緊密な関係があった。天津市に配慮しなければならないことは当然である。筆者は、外務省中国課首席事務官に、予め用件を伝えてアポイントメントをとった上で訪問した。キャリア外交官の首席事務官は、中国課の課長に次ぐポストである。けれども首席事務官は、筆者の説明を聞くだけで、何の意見も述べてくれなかっ

た。市同士の提携に問題があるのなら、「神戸港と高雄港の港湾振興協会間の提携」ならどうかとも質問したが、やはり回答はなかった。

　結局この件はそのまま立ち消えになってしまった。外務省中国課としては中国の意向に反することには加担したくないということであろう。後に、筆者が親しくしているキャリア外交官にこの話をしたところ、彼は「それは、神戸市が神戸市の責任で適当に処理せよ」という意思表示ではないかとコメントした。

岡山県と韓国慶尚南道

　2008年7月14日、韓国・慶尚南道の金台鎬知事が岡山に入った。金知事は、翌15日は午前10時から、岡山県知事と会見し、続いて、午後に予定されている友好協定書調印式に臨む予定であった。

　15日、午前9時過ぎ、岡山市国際課に、金知事側から、「調印せずに帰国する」旨の連絡が入った。調印式直前の一方的な通知である。金知事は、その日予定されていた公式行事をすべてキャンセルして帰国してしまった。岡山市に対し、金知事は「時期が適切でない」旨説明した。7月14日に、日本の中学社会科の新学習指導要領解説書に、竹島問題が明記されたことが影響したとみられている、と新聞は報道している。金知事は、岡山県国際課長に「歴史の中にはいろいろな時期があり、今の時期に協定を結ぶのはよくない」と話した。岡山県知事は、「盛大に歓迎行事を進めていただけに残念」とのコメントを出した[19]。

　2009年10月17日、石井正弘岡山県知事と韓国・慶尚南道金台鎬知事は、岡山市内で、岡山県と慶尚南道との友好交流協定の調印をした[20]。

奈良県と中国陝西省

　2010年10月27日、奈良県知事は、同年11月下旬に予定していた中国陝西省訪問と同省との友好提携締結を、翌年度以後に延期すると発表した。知事の訪問に合わせて派遣する予定だった経済交流団の派遣も延期した。奈良県は、中国側から「最近の情勢に鑑み、延期してはどうか」との申し出があった、と説明した。知事は「現地の反日デモが原因と推察されるが、確認はしていない」と話した[21]。

おりしも、尖閣諸島付近の日本の領海で中国漁船が海上保安庁の巡視船に体当たり衝突し、日本側が漁船船長を逮捕したことに中国側が反発し、中国各地での反日デモが続き、9月24日に那覇地検が、船長を処分保留で釈放した直後である。

2011年9月2日、奈良県と陝西省は、「日本国奈良と中華人民共和国陝西省の友好提携締結に関する協定書」調印式を行なった。

名古屋市と南京市

2012年2月21日、新華社電は、中国南京市は名古屋市との公的な交流を一時停止すると発表した。新華社は、名古屋市の河村たかし市長が「1937年の南京事件では『虐殺はなかった』と発言した」ことが、「市民の感情が大きく傷つけられた」と報道した[22]。

尖閣諸島国有化に反発し中国側が一方的に交流を停止

2012年、日本政府の尖閣諸島国有化に中国が反発し、日中国交正常化40周年の記念行事やイベントの中止・延期が相次ぎ、40都道府県の合計253件のイベントのうち、約4割に当たる計100件が中止か延期となった。44都道府県で、中止も延期もされなかったのは4都県だけで、中止は41件、延期は49件であった。両国関係の基盤であった草の根交流に深刻な影響が出た[23]。

尖閣諸島の国有化をめぐり、中国各地での反日デモで、現地の日本企業が襲撃され、進出している企業は多大の被害を受けた。日本大使の車が暴徒に国旗を奪われるという事件まで起きた。ウイーン条約違反の重大事件であるが、日本政府は中国政府に毅然とした抗議をしなかった。中国側は日中国交40周年記念事業を直前に中止すると一方的に発表した。その影響で友好都市交流等が中止や延期となったのである。友好都市の精神から言えば、国と国が対立しているときにこそ、国民、市民同士の交流を促進すべきであったのではないだろうか。

7 自治体姉妹提携と文化の違い
～和歌山県・太地町とオーストラリア・グルーム市～

　和歌山県太地町は、オーストラリアのブルーム市（Broome 西オーストラリア州）と 1981 年 5 月 7 日に姉妹提携をした。明治中期から、太地町からブルーム市へ、真珠採取の潜水士が渡航し、現地で真珠採りに携わっていた歴史がある。ブルーム町は、人口約 4,500 人、真珠養殖業、畜産業が盛んな町である。

　2009 年、ブルーム市は、突然、28 年間続いてきた太地町との姉妹提携を停止することを、在パース日本総領事館を通じて連絡してきた。太地町のイルカ漁が続く限り、交流事業を中断するという通知である。ブルーム町のこの申し入れの背景に、米国人が太地町のイルカ漁を隠し撮りしたドキュメンタリー映画「入り江」（原題　The Cove）が、オーストラリアでも上映されたことがある。太地町のイルカ漁に反対してきた米国の反捕鯨団体「シーシェパード（SS）」が、市や市民に姉妹提携の破棄を迫った結果だといわれている[24]。

　ブルーム在住の日系市民が、市当局に提携継続を働きかけた結果、ブルーム市議会は同年 10 月 13 日に、「日系市民や太地町に失礼だった」として決議を撤回し、姉妹関係を続けることを全会一致で決議した[25]。

8 自治体姉妹提携と地球市民

　グローバリゼーションが進展したいま、姉妹提携はもはや時代遅れであると主張する人がいる。姉妹自治体提携は終戦直後の国際交流手段がなかった時代の交流であり、グローバリゼーションが進展し、交通・通信手段が飛躍的に向上して、市民の国際交流機会が増えた今、姉妹自治体提携は不要という考え方である。

　これに対し、そのような時代であるからこそ、姉妹自治体提携は必要であるとする主張がある。そもそも、姉妹提携の本来の目的は、地球上の都市と都市が国境を越えて提携することにより、市民と市民の間に連帯感、親近感、信頼

関係を構築し、世界平和の構築に貢献することである。姉妹提携が当該自治体にもたらす文化的、行政的、経済的効果は大きく、姉妹提携は双方の自治体にメリットをもたらすことは、すでに見てきたとおりである。さらに、姉妹提携を通じて、自治体が外国に拠点を持つこととなり、その拠点を活用して、当該自治体への外資系企業誘致、観光客誘致、MICE 誘致などにつなげることや、自治体が国際社会でアイデンティティを主張することも可能となる。筆者は姉妹都市の必要性、有効性は今後ますます増大すると考えている。

　1989 年 11 月 9 日にベルリンの壁破壊が始まり、続いて、1991 年 12 月にソ連が自ら解体した。東西冷戦の終焉で、世界平和が実現することが期待されたが、その期待は見事に裏切られた。サミュエル・ハンチントンが予言した「文明の衝突」による民族紛争、地域紛争が頻発し、世界はカオスの様相を呈しつつあるように見える。このような今こそ、外交とは別に、都市と都市、市民と市民の交流というチャネルを持つことが必要なのではないだろうか。

　私たちの住んでいる「宇宙船地球号」の資源と環境は有限であり、私たち地球市民は運命共同体である。国境、文化の違いなどが、地球市民を対立させることが少なくない。地球上の都市と都市の提携、人と人の交流を実現する姉妹自治体提携はきわめて重要である。もし姉妹提携していなければ全く関係がなかったかもしれない 2 つの自治体が、提携することによって特別の連帯感、親近感で結ばれることになるのである。

　外交の基礎に国民同士の信頼関係があることが、国と国の関係を規定することがあることはいうまでもない。姉妹提携により醸成される都市と都市、人と人の信頼関係、連帯感、親近感は世界平和に重要な役割を果たす可能性があると考える。

表 12　相手国・地域別姉妹提携数

国・地域名	都道府県	市区	町村	合計
アイルランド	0	1	0	1
アメリカ合衆国	24	344	70	438
アラブ首長国連邦	1	0	0	1
イギリス	1	8	3	12
イスラエル	0	1	0	1
イタリア	5	24	7	36
インド	3	2	0	5
インドネシア	4	2	1	7
ウクライナ	0	2	0	2
エジプト・アラブ共和国	1	0	0	1
エストニア	0	1	0	1
オーストラリア	6	79	24	109
オーストリア	0	27	5	32
オランダ	0	10	2	12
カナダ	1	42	27	70
カメルーン	0	1	0	1
カンボジア	0	0	1	1
ギリシア	0	5	3	8
クロアチア	0	3	0	3
コスタリカ	0	2	0	2
スイス	0	9	3	12
スウェーデン	0	2	3	5
スペイン	3	8	0	11
スリランカ	0	3	0	3
スロバキア	0	0	1	1
スロベニア	0	1	0	1
セルビア	0	1	0	1
タイ	1	3	1	5
大韓民国	11	105	23	139
台湾	0	3	9	12
チェコ	0	2	2	4
中国	36	269	40	345
チュニジア	0	1	0	1
チリ	0	1	0	1
デンマーク	0	5	1	6

第 3 章　自治体姉妹提携の意義～自治体国際交流の原点～　85

ドイツ	5	39	9	53
トルコ	0	5	2	7
ニュージーランド	0	28	13	41
ネパール	0	3	1	4
ノルウェー	0	1	1	2
パナマ	0	1	0	1
パラオ	2	0	0	2
パラグアイ	0	2	0	2
ハンガリー	0	4	1	5
フィリピン	1	13	4	18
フィンランド	0	2	3	5
ブータン	0	1	0	1
ブラジル	11	35	11	57
フランス	6	36	5	47
ブルガリア	0	1	0	1
ベトナム	2	0	0	2
ベラルーシ	0	1	0	1
ペルー	0	0	1	1
ベルギー	0	8	0	8
ボリビア	1	0	0	1
ポルトガル	0	7	0	7
マーシャル諸島	0	0	1	1
マレーシア	0	1	0	1
メキシコ	2	5	2	9
モンゴル	0	4	0	4
ラトビア	0	1	1	2
リトアニア	0	1	0	1
ルーマニア	0	1	1	2
ロシア連邦	9	31	3	43
合計	136	1198	285	1619

自治体国際化協会 URL：http://www.clair.or.jp/cgi-bin/simai/j/02.cgi（2012.10.1 アクセス）

1 「自治体姉妹提携」とは「都道府県や市町村による外国の自治体との姉妹提携」をさす。都道府県は、日本の都道府県に該当する外国の「州、省、道」と提携し、市町村は外国の市町村と提携している。拙稿において、「姉妹都市」を、象徴的な意味で、「自治体間の提携の総称」として用いることがある。

2 毛受敏浩編著『草の根の国際交流と国際協力』（明石書店、2003年）49ページ。

3 上掲書、49ページ。

4 都道府県知事・市町村長をさす呼称で「くびちょう」と読むことが多い。内閣の代表者としての内閣総理大臣などをさすこともある。

5 「自治体国際化協会」は、姉妹都市の定義のひとつに「交流が特定の分野に限られてないこと」としている。最近、姉妹都市は交流分野が多方面に渡り、双方の都市に負担が多すぎるとして、経済、観光など特定の分野に絞って交流する「親善協力都市」という提携がある。神戸市は、一大陸一姉妹都市主義で、シアトル、マルセイユ、リオデジャネイロ、天津、リガ、バルセロナの6つの姉妹・友好都市に加えて、2010年には韓国仁川市と提携した。「親善協力都市」は、1986年にフィラデルフィア市と提携をし、2010年には韓国大邱市と提携した。

6 神戸市市長公室『都市提携の歩み』H-4ページ。

7 ここでは便宜上、「姉妹提携」という用語を「友好提携」を包含して広義に用いる。

8 「民際外交」とは「国際外交」に対する言葉として、長洲一二神奈川県知事が提唱した概念であり、外交は外交官が国益を背負って行うものであるが、それを支える土台として、国境を越えた民衆同士、市民同士、地域同士が、異なる文化と生活を持ちながら、心が通い合う交流を図ることが大切であるとする考え方である（「第5回地方のシンポジウム」〔1982年11月〕における長洲知事の発言）。毛受『前掲書』228ページ。

9 The Japan Exchange and Teaching Program の略。語学指導等を行う外国青年招致事業。地方自治体が、総務省、外務省、文部科学省、自治体国際化協会の協力の下に実施。

10 市町村数は、2012年10月1日現在、1,742団体となった。

11 南砺市は合併直後8つの姉妹提携先があったが、合併後の初代市長の溝口進氏は、2006年5月26日、筆者が立命館大学において開講していた連続講義に出講し、「当分の間合併前の姉妹提携はそのまま引き継ぐ」旨言明した。『2006年度市町村長リレー講義　自治体外交の挑戦〜市町村長・わがまちの国際戦略を語る〜』（立命館大学国際関係学部・読売新聞社、2007年）。

12 毛受「前掲書」17ページの「国際交流・協力活動の意義」を参考に筆者が加筆修正した。

13 中国の対外経済開放政策は、鄧小平指導体制の下で、1978年12月に開催された「中国共産党第十一期中央委員会第三回全体会議」で決定された改革開放政策。経済特区、沿海開放都市に経済開発区などを設け、外国からの直接投資導入を図った。

14 境港市 URL http://www.city.sakaiminato.lg.jp/index.php?view=4523（2009.9.1 アクセス）

15 岡山市 URL（2003 年 8 月アクセス）。岡山市は後にこの URL を削除している。

16 岡山市 URL（2003 年 8 月アクセス）。岡山市は後にこの URL を削除している。

17 http://en.wikipedia.org/wiki/City_of_Brisbane（2012.10.8 アクセス）

18 http://www.clair.or.jp/cgi-bin/simai/j/05.cgi（2012.10.9 アクセス）

19 読売新聞（2008 年 7 月 15 日）

20 岡山県 URLhttp://www.pref.okayama.jp/page/detail-1803.html（2012.9.7 アクセス）

21 日本経済新聞（2010 年 10 月 27 日）

22 読売新聞（2012 年 2 月 22 日）。日本経済新聞（2012 年 2 月 22 日）は、「中国の通信社・中国新聞」発として伝えた。中国側が主張している「南京大虐殺」については、「事件の存否、組織性、犠牲者の数をめぐって「論争」が展開されている」（自由国民社『現代用語の基礎知識　2003』2003 年）。「南京事件」は歴史的事実として、必ずしも確定しているものではない。

23 日本経済新聞社が各地の日中友好協会支部と都道府県、政令指定都市に取材した結果である（日本経済新聞　2012 年 9 月 30 日）

24 読売新聞（2009 年 8 月 25 日）

25 読売新聞（2009 年 10 月 15 日）

第4章　自治体国際事務の優先順位と
　　　　　　行政と民間の役割分担

1　自治体国際事務の優先順位

　昨今、自治体の財政は極めて厳しい。その上、国際事務を推進する人材についても必ずしも十分であるとは言えない。増大する国際事務を処理する仕組みを工夫しなければならない。財政難、人材不足の中で、どのようにして国際事務を推進していくのか。「あれもこれも」から「あれかこれか」への転換も必要である。筆者は次の3点が重要であると考えている。

(1) 国際事務の優先順位（緊急度、重要性等で判断）

　限られた財源と人材という制約条件があるため、自治体はすべての事務を同じレベルで実施することはできない。そこで、国際事務を、「必須事務」と「選択事務」に分類する。
　必須事務とは、自治体が最優先で必ず実施しなければならない事務である。選択事務とは、自治体側に、財政的、人的余裕がある場合に、自治体が住民と協働して実施することが好ましい事務である。

(2) 事業評価と事業仕分け

　自治体の国際事務は、90年代以後に急増した。グローバリゼーションの進展で外国との接触機会が増大し、外国人住民が急増したからである。外国人支

援 NGO・NPO が、制度の壁、言葉の壁、文化の壁に直面する外国人への支援を自治体に積極的に働きかけ、自治体は、それを受けて、その都度、外国人住民に対する施策を実施してきた。

そろそろ、これらの事務の事業評価を行わなければならない。当該事務遂行に要した予算、人員等のコストと、それに見合う政策目的がどの程度達成されたかを把握し、事業評価の結果、不要・不急と見なされた事務については、事業仕分けによる見直しを行わなければならない。

(3) 行政と民間の役割分担と連携

自治体の国際事務は、自治体だけでは遂行できるものではない。行政と住民が協力して推進しなければならない。

定年退職を迎えた団塊の世代の高齢者が自宅にとどまっている。世界中を飛び回って仕事をしてきた人も多くいる。これらの人たちの経験と見識を、地域の国際事務に活用する。自治体として最も苦手な分野の仕事に、住民がボランティアとして協力する。このことは、地域住民による社会貢献にもなる。

行政と住民ボランティアが連携して活動する場合、通常、住民は NPO 法人を設立して活動する。自治体は任意団体には経費を支出しにくいが、NPO 法人なら、契約によって委託料、補助金を支出することができる。NPO 法人には、決算公開等が義務づけられているので、税金が適正に使われているかどうかを追跡して調べることも可能である。

行政が住民の力を活用することの意義の第 1 は、住民が持つ専門知識を自治体国際事務に導入できることである。

第 2 は、住民力の活用による行政コストが削減できることである。市職員一人の人件費で、住民 10 〜 20 人程度の活用は容易に行える。わずかな予算で委託・補助することにより、大きな効果が期待できる。

第 3 は、住民力の活用により、住民が直接行政の第一線に参画することになり、住民の行政への監視が行き届くことである。

第 4 は、住民が自治体国際事務に参画することが、住民の「生きがいづくり」

につながることである。住民と行政が協力体制を確立すれば、住民の行政への信頼を強め、郷土愛の醸成にもつながることになる。

2　自治体国際事務の分類、事業仕分け、行政と民間の役割分担

(1) 必須事務・選択事務と行政と民間の役割分担

　地域社会の国際事務のすべてを自治体が実施することは、財政的にも人的にも、困難である。国際交流、国際協力、多文化社会づくり、地域国際協力等は、自治体と住民がどのように分担して推進していくべきであろうか。

　図2は、国際事務における行政と民間の役割を区分したものである。

　縦軸では、事務を「必須事務」と「選択事務」に分類し、横軸では、それぞれの事務執行主体を「行政（自治体）」「民間（市民、企業）」に分けている。この表に基づいて具体的な国際事務の事業仕分けをすることが可能になる。

図2　行政と民間の役割分担（必須事務、選択事務）

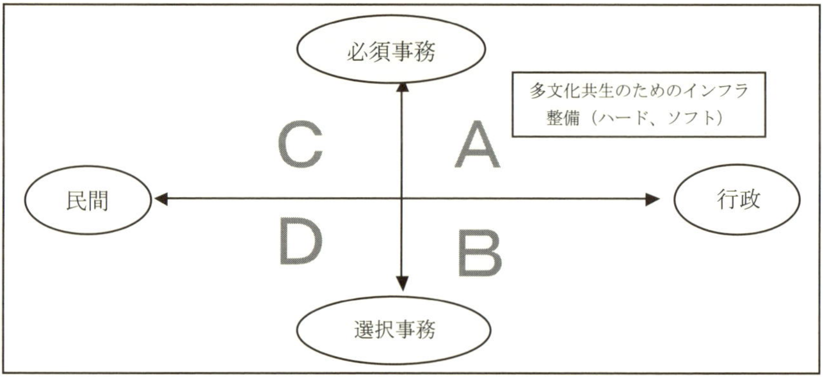

(2) 事務の分類

A事務は、自治体が責任を持って、必ず実施しなければならない最優先事務である。

B事務は、自治体が可能な範囲で実施することが望ましい事務である。

C・D事務は、主として民間が自治体と連携して行うことが適切である事務である。自治体として、個々の事務の内容、必要性を勘案した上で、可能な範囲で、財政・人的支援をすることが望ましい事務である。

A事務（最優先すべき必須事務）は、「多文化共生社会の構築」に関する事務である。多文化共生のためのハード・ソフトのインフラ整備である。

第1は、外国人住民の生命・財産にかかわる事務で、外国人住民が地域社会において安全、安心に生活できることを担保するための事務である。防災、災害復旧、外国語交通標識・案内板設置施策がこれに含まれる。

第2は、多文化共生社会構築のための基盤整備である。これには、多文化共生基本方針、外国人住民会議、多文化共生に関する住民啓発、道路標識等の多言語表示等である。

第3は、外国人住民の市民的権利に関する事務である。永住外国人の公務員就労権、子供手当支給等がこれに含まれる。

第4は、言葉にハンディがあり、制度に不案内な外国人住民が、自治体に容易にアクセスできる体制づくりである。外国人向けの窓口一本化、窓口での多言語対応、平易な日本語での連絡文書の作成等があげられる。

B事務は、自治体が主導で実施するが、可能な限り民間の協力を得て行政と民間が連携して行うことが望ましい事務である。姉妹提携、観光客誘致、MICE誘致等の経済政策、国際協力等がこの事務に該当する。

C事務は、民間主導でやるべき事務である。外国人を受け入れるために地域の自治会、NGOの協力等である。ゴミ出しルールの説明、自治会への参加勧誘等、外国人が良き地域社会の住民として生活していくための事務である。この事務は行政が必要に応じて住民を支援することが望ましい。

D事務は、余裕があれば実施することが適切である事務である。外国人住民とのスポーツ大会、遠足等日本人住民と外国人住民の地域社会における交流がこれに含まれる。

　外国人住民への支援施策において自治体は次の点に特に留意しなければならない。

　第1は、制度・文化・言葉の壁に直面し、地域社会に円滑に溶け込むことができず、住民として安定した生活を送ることができない外国人等への施策である。来日直後の外国人が主として対象となる。

　第2は、外国人の市民的権利に関する施策である。

　第3は、外国人を地域社会の住民として受け入れ共存していくための環境づくりである。

　これまで、外国人問題の研究者、外国人支援NGOは、外国人への積極的な支援の必要性を自治体に訴え警告を発してきた。このような主張を受け、自治体は緊急性を理由に、どちらかといえば緊急避難的に見える施策を実施することが少なくなかった。外国人住民の急増から20年が経過したいま、自治体には、多文化共生に関する自治体の基本方針を明確にし、事務の事業仕分けと住民との役割分担を見直すことが求められている。

　表13は、具体的事務を図2のマトリックスにあてはめ事務の分類を試みたものである。なお、この分類はあくまでも例示であり、当該自治体の個別事情（緊急度、財政状況等）により、分類は異なることはいうまでもない。

表13　必須事務・選択事務の例示

	事務の性格	行政の役割	住民（民間）の役割
A 行政 （必須）	行政として必ず実施しなければならない基本的な事務	・行政への基本的アクセス手段の確保（外国人住民⇔行政） ・多文化共生施策（多文化共生基本方針、住民啓発等） ・防災、災害復旧のための施策 ・外国人住民の市民的権利担保	（住民として行政に協力）
B 行政 （選択）	行政主導で、財政的、人的余裕があれば実施することが望ましい選択的事務	（住民主導で住民と連携して実施） ・姉妹都市提携と交流 ・外国人住民会議 ・留学生支援事務 ・国際経済施策（観光客誘致、MICE誘致等） ・地域国際協力 ・国際交流のための「基金」造成 ・民間が実施する業務への支援と連携	（住民として行政に協力） ・外国人への日本語教室 ・外国人への市民ガイド ・外国人留学生ホームステイ ・行政窓口通訳ボランティア ・医療通訳ボランティア ・地域国際協力への協力 ・国際経済施策への協力 ・国際交流のための「基金」への寄付
C 民間 （必須）	民間主導で実施しなければならない事務	・民間事業主体への支援 ・市民啓発	・外国人住民の地域社会への受入れ ・外国人住民への差別、偏見の除去
D 民間 （選択）	民間主導で実施することが望ましい選択的事務	・民間事業主体への支援	・外国人への（再掲）日本語教室 ・外国人への市民ガイド ・外国人留学生ホームステイ ・行政窓口通訳ボランティア ・医療通訳ボランティア ・地域国際協力への協力 ・国際経済施策への協力 ・国際交流のための「基金」寄付

第5章　自治体国際政策の課題

　自治体が国際政策を実施する場合の課題は次のとおりである。

1　事業評価

　自治体の国際事務の事業評価は必ず行わなければならない。税金を投入するからには、当然、それに見合う「地域益」が求められる。「地域益」は必ずしも経済的な利益だけではない。外文化共生の推進、地域の文化創出、地域の個性と魅力創出、青少年の国際経験、高齢者の生きがい創出なども地域活性化のために重要な地域益であるといえる。

2　住民との連携〜住民力の活用〜

　自治体が国際事務を遂行する上で、住民の協力は必要不可欠である。住民の協力は行政への住民参加につながり、その結果、住民の行政への理解が深まり、行政の透明性がより高まる。住民は、知識、経験を生かして地域のために貢献することができ住民の「生きがいづくり」にもつながることになる。

　地域社会の国際事務は、国際経験が豊かな住民の協力がなければ円滑な事業推進は期待できない。住民協力の代表的な例として、国際協力推進ボランティア（NGO、NPO）、市民通訳ボランティア、小学校英語補助教員、市民向け講師などがある。

　神戸市の市民ボランティア団体「神戸 SGG クラブ」（Kobe Systematized Goodwill Guides Club）は、神戸市と連携して国際交流事務を行っている。こ

の団体は、1981年に神戸の海上都市ポートアイランドで開催されたポートアイランド博覧会で、外国からの来客へのサービスボランティアとして発足したもので、2011年に設立30周年を迎えた。活動は、通訳、翻訳、観光案内、神戸市内の公的機関への同行、窓口での通訳などで、対象は日本人、外国人、在住者、来訪者等、言葉の壁のために不自由している外国人である。また、神戸市に外国人登録をしている神戸市在住市民を対象に、同行通訳事業を行っている。

神戸市のボランティとの連携事業の例として「アジア進出支援センター」への登録ボランティア制度がある（第2章）。この制度は、国際ビジネス経験豊かな市民ボランティアが、市内中小企業のアジアへの進出のお手伝いするものである。

3 住民啓発

外国人住民が地域社会に溶け込むためには、地域住民の協力が不可欠である。そのために自治体は地域の日本人住民に対し異文化理解、国際理解などの啓発活動を行わなければならない。同時に、外国人住民にも、地域社会の良き一員としての自覚を持たせるための啓発も必要である。彼らのアイデンティティを大切にしながら、「郷に入りては郷に従う」よう啓発しなければならない。外国人住民に自治会加入を働きかけている自治体[1]もある。

自治体は日本人、外国人双方の住民への啓発活動を怠ってはならない。

4 財源確保と情報入手

国際事務を行うには財源が必要である。厳しい財政事情ではあるけれども、多文化共生にかかる基本的な事務は、自治体として最優先で取り組まなければならないことはいうまでもない。

地域国際協力に自治体が予算を確保することは容易ではない。その上、国際協力に関する情報も必ずしも十分であるとは言えない。自治体国際化協会

（CLAIR）や国際協力機構（JICA）などと連携して実施することとすれば、補助金導入と国際協力に関する情報入手が期待できる。

　自治体が国際交流・協力財源を確保するため、国際事務に関する「基金」を造成し、市民、企業等からの寄付も受ける努力も怠ってはならない。

5　グローバル・リテラシー（国際対応能力）

　かつて、自治体は国際事務をほとんど意識することなく行政を推進していた。自治体には国際事務を遂行できる職員が育っていないことが少なくない。国際事務を担当する自治体職員にはグローバル・リテラシーがまず求められる。そのためには、人事考課等でグローバル・リテラシーを評価するシステムの導入が必要となる。職員の評価、昇進などにおいてこれらの能力が勘案されることを、全職員に周知させる。その上で、外国語学習への奨励（たとえば、外国語検定資格取得者への報償制度等）、内部研修、昇進試験へのグローバル・リテラシー評価項目の導入等が考えられる。

　英語はいまや「常識」であることを、自治体の当局者は認識しなければならない。自治体職員に英語は必要ないという意見が人事担当者に少なからずある[2]。翻訳、通訳はすべて専門家に外注すればいいという意見である。翻訳、通訳は専門家に任せたほうがよいことはいうまでもない。けれども、もし、自治体職員に、翻訳業者から納入された訳文をチェックする能力がない場合、訳文をそのまま使用することになる。実際、多くの自治体の英文パンフレットには驚くような誤りがあることが指摘されている[3]。外部に任せた翻訳、通訳をチェックできる職員が自治体に必要なのである。

　職員のグローバル・リテラシー育成のため、外務省、自治体国際化協会（CLAIR）、全国市町村国際文化研修所（JIAM）等へ職員を派遣し、実務を担当しながら研修させる道もある。

　市町村国際文化研修所は、議長、自治体職員、NGO等対象に研修事業を行っている。この研修に、議員、職員を派遣することもグローバル・リテラシー育成に効果がある。

1　群馬県大泉町では、外国人住民に自治会加入を呼び掛けている（大泉町長谷川宏町長、2006 年 5 月 12 日、長谷川町長の立命館大学における講義「わが町の国際戦略を語る」での証言）。町内会、自治会を地域の防災や高齢者支援の要として新たな役割を果たそうとする動きがある。町内会の旧来型の役割を見直す上で、NPO 法人やボランティア組織などとテーマごとに連携して活動する「コミュニティ・プラットフォーム」の考え方を取り入れる自治体も出てきている。このような対象に外国人住民を含めることは多文化共生に大きな役割を果たすと考えられる（「変わる町内会・自治会　防災・高齢者支援の要に」〔日本経済新聞　2012 年 3 月 13 日夕刊〕）。
2　自治体で国際事務を担当する職員に英語は必須である。自治体は通常 3 年程度で人事異動があるため、人事異動のたびに、課長、係長、担当者のそれぞれポストに、英語ができる職員を充てることは容易ではない。平素からの研修でそのような人材を幅広くあらかじめ育成しておかなければならない。人事担当者の中には「英語は職員に必ずしも必須ではない。必要が生じたら英語は外部に任せて通訳、翻訳をさせればいい」という人が多い。はたしてそうか。外国との折衝機会がほとんどなく、外国人住民が極めて少なかったかつての自治体なら、それで済んだであろう。通訳、翻訳等をすべて外注するとしても、それをチェックする職員がいなければ、誤訳があっても見逃すことになる。自治体が発行した英文パンフレットの誤訳がよく指摘されている。このことは、電卓があれば算盤は必要がないという議論と似ている。問題は、算盤という道具のことではなく、算盤感覚で頭の中で計算（暗算）ができるかどうかということである。毎日電卓を持ち歩くわけにはいかない。ましてや、相手と話をしているときに電卓を持ち出すと失礼になることもある。算盤の素養がある人は、相手に気づかれることなく頭の中で計算ができ、予算折衝や交渉ごとには有利である。英語ができる人は、英字新聞を読むこともできるし、海外の文献を調べることもできるので、外国の情報を得ることもたやすい。
3　「奈良観光　間違いだらけ HP」の見出しで、奈良市観光協会が 2012 年 5 月に更新したホームページで、多くの誤訳があったことを指摘された。「仏の慈悲」を「フランスの慈悲」とするなど、「とても外国人に見せられない」とのクレームを受けた協会は、ホームページを閉鎖した（読売新聞 2012 年 5 月 26 日夕刊）。

第6章　地域国際関係の沿革

1　地域国際関係の沿革

　戦前、わが国自治体は、外国と主体的に交流することはほとんどなく、海外移住者送出が、唯一、自治体が外国に関係を持つ事務であった。わが国地方自治体が外国と関係を持ち始めたのは、第2次大戦後からである。

　第2次大戦後の自治体の対外関係は、おおむね次の3段階に分類することができる。

(1)1945 ～ 1974　自治体国際交流萌芽期～姉妹提携ブーム～

　第2次大戦の終結で都道府県、大都市等に生じた国際事務は、進駐軍との連絡調整であった。担当組織として自治体に外務課、渉外課等が設置された。

　昭和27年のサンフランシスコ条約発効で、わが国は再び独立国となった。

　昭和30年、長崎市と米国ミネソタ州・セントポール市がわが国初の姉妹都市提携をした。敗戦国日本の市長が戦勝国米国の市長と握手する姿は、はるばる船と列車を乗り継いで米国を訪問した市長にとり、誇らしいものであった。

　続いて、昭和35年、東京都がニューヨーク市と都道府県初の姉妹提携をした。さらに、昭和37年には、東京都大島町とハワイ州ヒロが、わが国の町として初めての姉妹提携を行い、昭和46年には長崎県湯沢温泉村と、オーストリアのサンアントン村がわが国の村として初めての姉妹提携をした。

　全国の自治体は競うように姉妹提携の相手を探した。自治体国際交流萌芽期のこの時代は、姉妹提携による外国の自治体との交流が、自治体国際関係の中

心であった。

(2)1975 〜 1989　民際外交〜地域国際交流協会設立、地域国際化推進〜

　1975 年、長洲一二神奈川県知事が「民際外交」を提唱した。国に外交政策があるように、自治体にも独自の国際交流政策を持つべきであるとする「民際外交論」は全国の首長の心をとらえた。単なる姉妹提携による交流を超えて新たな国際関係を模索する自治体が出現した。都道府県、政令指定都市は国際交流協会を設立した。

　自治省も地域の国際化を積極的に推進するため、「国際交流の在り方」「地域国際交流大綱策定」「地域国際協力」に関する通達を出した。

　地域国際化に大きな役割を果たしたのは自治体国際化協会の設立（1988 年）である。

　在日韓国朝鮮人への公務員への採用は川崎市が先鞭を切り、全国の自治体がこれに続いた。

(3)1990 〜 2012　グローバリゼーションの進展〜多文化共生への模索〜

　1990 年の改正入管法施行に伴う措置で、海外日系二三世、ベトナム難民等に就労制限のない「定住者ビザ」が付与されることになり、就労目的の日系ブラジル人の大量流入が始まった。1980 年にはわずか 1,492 人であったブラジル人は、最盛期の 2007 年には 31 万 6,967 人となり、中国人、韓国朝鮮人に次いで登録外国人の 3 位となった。日系ブラジル人は職場の近くに集まって住むことが多く、近隣住民との文化摩擦等が露呈したこともあった。ちなみに、日本からブラジルへの移住者数は 24 万人である。

　登録外国人は 2008 年まで毎年増加し、ピークの 2008 年には 221 万 7,426 人で、総人口の 1.74％を占めた。国籍構成も、それまで登録外国人数では 1 位だった韓国朝鮮人に代わって、2007 年には中国人が 1 位となった。

　外国人住民は制度の壁・文化の壁・言葉の壁に直面することが多い。外国人

住民の急増に悲鳴を上げた市町村は2001年に外国人集住都市会議を設立し、外国人向け施策を模索し、国に支援を働きかけた。

　1995年の阪神淡路大震災では、全国から駆け付けたボランティアが大活躍した。被災外国人にも、ボランティアが積極的に支援の手を差し伸べた。これらのボランティア団体に法人格を付与し、その存立基盤を強化するため1998年に特定非営利活動促進法（NPO法）が施行された。全国に多くの外国人支援NPO法人が誕生し、自治体と連携して、多文化共生策を模索することとなった。阪神淡路大震災が発生した1995年はボランティアへの国民的理解を進める原点となり、ボランティア元年と呼ばれている。

2 地域国際関係年表

年	元号	世界・日本の動き	地方行政・地域国際化の出来事
（1868 年〜 1944 年）			
1868	明治元	明治維新	
1871	4		廃藩置県（3 府 302 県）。府県官制
1873	6	内務省設置	
1876	9		府県大統廃合（3 府 35 県）
1888	明治 21	メキシコと修好通商条約（最初の対等条約）	市制町村制公布。1 道 3 府 43 県に
1889	22	大日本帝国憲法発布	市制町村制施行開始。 明治の大合併開始 （明治 21：71,314 →明治 22：15,859）
1890	23	第 1 回総選挙	府県制、郡制をそれぞれ公布
1891	24	大津事件	
1894	27	日英通商航海条約（領事裁判権廃止等）。日清戦争（〜 1895）	
1899	32	改正条約発効	
1904	37	日露戦争勃発（〜 1905）	
1908	41		第 1 回ブラジル移民船・笠戸丸神戸出港
1911	44	日米新通商航海条約（関税自主権確立）	東京、大阪、京都の 3 市が勅令で指定都市に
1928	昭和 3		国立神戸移民収容所開設
1941	昭和 16		戦前最後の移民船・ぶえのすあいれす丸神戸出港
1943	18		東京都制、東京都官制。東京市を廃し東京都に
（1945 〜 1974　自治体国際交流萌芽期〜姉妹提携ブーム〜）			
1945	20	終戦。国連発足	
1946	21	日本国憲法公布	
1947	22	米・マーシャルプラン。日本国憲法施行。地方自治法施行	第 1 回日米学生会議
1948	23	東京裁判。世界人権宣言	
1949	24	湯川秀樹ノーベル賞	ガリオア留学生 150 人渡米
1950	25	朝鮮戦争勃発。コロンボプラン発足	日中友好協会
1951	26	サンフランシスコ講和条約調印	日本ユネスコに加盟
1952	27	サンフランシスコ講和条約発効。血のメーデー。ヘルシンキ五輪	フルブライト交流計画。海外移住事業再開、「神戸移住あっせん所」開所（後に「海外移住センター」と改称）。戦後初の移民船・さんとす丸神戸出港
1953	28	東京でテレビ本放送	昭和の大合併まる （昭和 28：9,868 を→昭和 31：4,668）

1954	29	第五福竜丸、ビキニで被災	コロンボ計画に参加決定。国費留学生招致制度・1期生23人
1955	30		長崎市、米セントポール市と日本初の姉妹都市提携
1956	31	日ソ共同宣言調印。日本国連加盟	関西国際学友会設立。いけばなインターナショナル
1957	32	南極昭和基地開設	日本国際教育協会。アジア学生文化協会
1958	33	一万円札発行	外務省に文化課設置
1959	34	皇太子ご成婚。国民年金法制定	外務省、文化招へい制度開始。総務庁海外青年派遣事業
1960	35	ローマ五輪。所得倍増計画	海外協力基金法公布。東京都・ニューヨーク市、都道府県初の姉妹提携
1961	36		東京YMCA「留学生の母親」運動
1962	37	キューバ危機	国際親善都市連盟設立。東京都大島町とハワイ州ヒロ、町で初めての姉妹提携。海外協力事業団設立
1963	38	ケネディ暗殺。老人福祉法制定	海外移住事業団設立
1964	39	日本OECD加盟。東京オリンピック	外務省文化事業部復活。国費留学生倍増
1965	40	日韓国交正常化。朝永振一郎ノーベル賞	海外青年協力隊発足・第1次26人。国際教育交換協議会東京事務所開設。日本人海外旅行者128,000人。訪日外国人旅行者数353千人
1966	41	米軍機、ハノイ、ハイフォン郊外爆撃。ビートルズ来日	総務庁第1回青年の船。自治体姉妹提携100件を超える
1967	42	JAL世界一周の営業開始。ASEAN誕生。難民の地位に関する議定書採択	
1968	43	国際人権年。ソ連軍、チェコ進入。メキシコ五輪。川端康成ノーベル賞	外国人留学生問題研究会（JAFSA）設立。札幌市で全国初の自治体によるホームステイ登録制度
1969	44	米アポロ11号月面着陸。人種差別撤廃条約発効	オイスカ産業開発協力団設立。外国人妻の会
1970	45	大阪EXPO。よど号事件	日本国際交流センター
1971	46	沖縄返還協定。ドルショック	長崎県湯沢温泉村とオーストリア・サンアントン村、村で初めての姉妹提携
1972	47	日中国交正常化。国連人間環境会議。「人間環境宣言」採択。第1次石油ショック	国際交流基金発足、自治体の姉妹提携200件を突破
1973	48	沖縄県祖国復帰。江崎玲於奈ノーベル賞。ワシントン条約	神戸市、天津市と友好提携（日中自治体初の友好提携）。第1回国際交流基金賞。アジア学院開校
1974	49		国際協力事業団（JICA）。総務庁「第1回東南アジア青年の船」。国際交流基金第1回国際交流奨励賞

(1975～1989　民際外交～地域国際交流協会設立、地域国際化推進～)			
1975	50	国連婦人年。ベトナム戦争終結。沖縄海洋博	長洲一二神奈川県知事、民際外交論提唱。外務省文化無償協力。国際協力推進協会（APIC）。日本人旅行者2,236千人。訪日外国人812千人
1976	51	モントリオール五輪	緒方貞子、日本初の女性国連公使。神奈川県国際交流課設置。広島県国際交流協会
1977	52	ODA倍増計画	国際日本語普及協会（AJALT）。神奈川県国際交流協会。ASEAN元日本留学生評議会（ASCOJA）
1978	53	新東京国際空港。日中平和友好条約調印	北方圏センター。自治体の姉妹提携件数300件突破
1979	54	インドシナ難民大量流出。ソ連アフガニスタンに軍事介入。国際児童年	南北海道国際交流センター。滋賀県国際友好親善協会。曹洞宗ボランティア会。日本国際民間協力機関（NICCO）。日本で初の開発教育シンポジウム開催
1980	55	モスクワ五輪。イランイラク戦争	オーストラリアとのワーキングホリデイ制度。日本国際ボランティアセンター（JVC）。神戸国際交流協会。幼い難民を助ける会。PHD協会。第1回大分車いすマラソン。外国人登録者数782,910人（うち、韓国朝鮮人664,536人〔84.9%〕）
1981	56	国際障害者年。難民条約（「難民の地位に関する条約」）国会承認・公布	神戸ポートアイランド博覧会（外国32か国・地域参加）。国際交流協会（横浜市、沖縄県）。自治体姉妹提携400件突破
1982	57	難民条約批准発効	からいも交流財団。国際交流基金10周年記念論文に「国際交流地方の時代」入賞
1983	58	世界コミュニケーション年	中曽根内閣「留学生10万人計画」。地球市民の会
1984	59	ロサンゼルス五輪	外務大臣官房文化交流部設置。第1回日本語能力試験。神戸市、友好都市天津市からの要請に応じ「港湾技術顧問団」を派遣、わが国市町村の国際協力の嚆矢に。郵政省、外国人に外務員を門戸開放。とやま国際センター。愛知県国際交流協会。名古屋国際センター。大阪国際交流団体協議会。自治体姉妹提携500件突破。外国人入国者数200万人突破
1985	60	プラザ合意	神戸市、中国天津市にわが国自治体初の中国常駐事務所開設。NHKラジオ講座アンニョンハシムニカ開始。国際交流基金・第1回地域交流振興賞。NGO数100団体突破。日本人旅行者4,948千人。訪日外国人2,327千人
1986	61	国際平和年	自治省、「国際交流プロジェクト」発表。リーディングプロジェクト（国際都市整備事業）開始。自治体姉妹提携600件突破自治体と大学の連絡組織として「兵庫県留学生交流推進会議」設置（以後各地で設立）
		国鉄分割民営化・JRスタート	JETプログラム発足、初年度850人の「JET

1987	62		青年」を招致し、全国自治体に配置。国際文化フォーラム。箱根会議。NGO活動推進会議。大阪国際交流センター。国際交流協会（埼玉県、鹿児島県、福岡県）。自治省、「地方公共団体における国際交流の在り方に関する指針」通知。外国人登録者数884,025人
1988	63	アフガニスタン和平協定調印。イランイラク戦争停戦。ソウル五輪。日本ODA総額で世界一に。竹下内閣「ふるさと創生」事業	竹下内閣「国際文化交流に関する懇談会」（歴代内閣継承）。「外国の地方公共団体の機関等に派遣される一般職の地方公務員の処遇等に関する法律」施行。国際交流のまち推進プロジェクトのスタート。自治体国際化協会（CLAIR）発足。栃木県国際交流協会。熊本国際交流連絡協議会。環境NGO発足
1989	64	昭和天皇崩御。消費税3％スタート。天安門事件。ベルリンの壁崩壊	自治省、都道府県・政令指定都市に「地域国際交流推進大綱の策定及び地域国際化協会の設立」要請。自治省、「看護三職」（看護婦、保健婦、助産婦）の「国籍条項撤廃国際交流基金日本語交流センター浦和に開設。外務省NGO事業補助制度開始、総務庁「第1回世界青年の船」。地域国際化協会認定。国際交流協会（岩手県、福井県、長野県、岐阜県、静岡県、大阪府、香川県、愛媛県、川崎市、京都市なら・シルクロード博記念国際交流財団、しまね国際交流センター。ひろしま国際交流センター。福岡県国際交流センター。大分県国際交流センター）。外国人入国者300万人突破。姉妹提携数768件。外国人登録者数941,005人

(1990〜2012　グローバリゼーションの進展〜多文化共生への模索〜

1990	平成2	改正入管難民法施行。ベトナム難民・日系二三世等に活動制限のない「定住者ビザ」付与、海外日系人の「就業目的」大量流入へ道を開く。外国人登録者200万人突破。イラク、クウェートに侵攻。東西ドイツ統合	自治省、地域国際化協会協議会設立。国際環境自治体協議会（ICLEI）設立。国際交流協会（佐賀県、青森県、茨城県、群馬県、千葉県、山梨県、新潟県、兵庫県、和歌山県、鳥取県、山口県、徳島県、高知県、長崎県、宮崎県、仙台市、北九州市等）。外国人登録者数1,075,317人（うち、韓国朝鮮人687,940人〔64.0％〕）。姉妹提携数844件
1991	3	湾岸戦争。ソ連邦崩壊。緒方貞子、国連難民高等弁務官就任。入管特例法施行（特別永住制度実施）	国際交流基金日米センター。国際研修協力機構（JTCO）設立。郵政省国際ボランティア貯金制度開始。第1回全国NGOの集い。秋田県国際交流協会。国際交流協会（山形県、三重県、岡山県）。札幌国際プラザ。姉妹提携数903件。外国人登録者数1,218,891人
1992	4	天皇・皇后、中国初訪問	全国市町村国際文化研修所（JIAM、大津市）設立。PKO活動に地方公務員初参加（カンボジア）。鳥取県境港市、北朝鮮元山市と友好都市提携（国交がない国の都市との友好提携）。政府開発援助大綱閣議決定。ASEAN設立25周年「東南アジア祭」石川県国際交流協会。かながわ民際協力基金

			設立。姉妹提携数 983 件。外国人登録者数 1,281,644 人
1993	5	カンボジア総選挙・暫定政権樹立。東京サミット。世界先住民の国際年。EU 発足	全国市町村国際文化研修所開講。岸和田市議会、定住外国人への地方参政権付与を決議。在日韓国朝鮮人の指紋押捺廃止。自治大臣官房に国際課設置。外国人研修技能実習制度発足。姉妹提携数 1057 件。外国人登録者数 1,320,748 人
1994	6	改正外国人登録法施行。1 ドル 100 円突破。関西国際空港開港	「地方公共団体における国際協力の関わり方に関する調査研究報告書」（自治総合センター）。「地方自治体による開発途上国へのあり方に関する調査研究報告書」（環境庁他）東京国際交流財団。千葉市国際交流協会。姉妹提携数 1135 件。子どもの権利条約批准。外国人登録者数 1,354,011 人
1995	7	阪神淡路大震災。地方分権推進法施行	震災復旧にボランティアが大活躍。世界中から救援物資等が届く。阪神大震災地元 NGO 救援連絡会。自治省、「自治体国際協力推進大綱の策定に関する指針」。「自治体国際協力センター（CLAIR）設置。最高裁判決傍論で「外国人に地方参政権を付与することは憲法上禁止されていないが、付与するか否かは立法政策にかかわる事項であり、このような措置を講じないからといって違憲の問題を生じない」。訪日外国人数 3,345,000 人突破。姉妹提携数 1189 件。外国人登録者数 1,362,371 人
1996	8	ペルー日本大使公邸占拠事件	川崎市「外国人市民会議」創設。川崎市外国人公務員採用（消防職を除く）国籍条項撤廃。NGO 外務省定期協議会。日本 NPO センター発足。京都府国際センター。姉妹提携数 1253 件。外国人登録者数 1,451,136 人
1997	9	21 世紀に向けての ODA 改革会議。京都議定書採択。介護保険法公布。香港返還。メキシコ移住 100 年。消費税 5％に引き上げ	北東アジア地域自治体連合設立。市区町村の国際交流協会設置 805。姉妹提携数 1306 件。外国人登録者数 1,482,707 人
1998	10	特定非営利活動促進法（NPO 法）施行	ブラジル移民 90 周年。姉妹提携数 1345 件。外国人登録者数 1,512,116 人
1999	11	「平成大合併」開始、市町村数 3232 の統合を推進。改正外国人登録法成立。ペルー移住 100 周年	市民国際プラザ設置（CLAIR）。姉妹提携件数 1374 件。外国人登録者数 1,556,113 人
2000	12	九州・沖縄サミット。シドニー五輪。地方分権一括法施行。人権教育及び人権啓発の推進に関する法律施行。在日外国人指紋押捺義務全廃	自治省「地域国際交流推進大綱および自治体国際協力推進大綱における民間団体の位置づけについて」。神戸フィルムオフィス設置、地域観光振興に海外ロケ等誘致。姉妹提携数 1407 件。外国人登録者数 1,686,444 人（うち、韓国朝鮮人数 635,269 人）
2001	13	9.11 同時多発テロ。米アフガニスタンを空爆	浜松市で「第 1 回外国人集住都市会議」開催、総務省、法務省、外務省、文部科学省、文化庁、厚生労働省、社会保険庁に「浜

			松宣言及び提言」の申し入。姉妹提携数 1430件。外国人登録者数 1,778,462人
2002	14	小泉首相初の訪朝「日朝平壌宣言」	留学生過去最多の11万000人。姉妹提携数1476件。外国人登録者数 1,851,758人
2003	15	政府開発援助大綱改定。北朝鮮の核問題をめぐり初の6か国協議。イラク戦争勃発	JICA独立法人化。登録外国人数 1,915,030人（人口比1.50%）。姉妹提携数1517件
2004	16	陸上自衛隊イラク派遣。スマトラ沖地震	登録外国人数 1,973,747人（人口比1.55%）。姉妹提携数1516件
2005	17	京都議定書発効（地球温暖化防止）。郵政民営化法案成立	登録外国人数200万人突破（2,011,555人）、韓国朝鮮人が初めて3割を切る。姉妹提携数1532件
2006	18	北朝鮮、地下核実験成功を発表。国連事務総長に韓国潘基文	境港市、北朝鮮核実験に抗議し、元山市との友好提携破棄を通告。総務省「多文化共生推進に関する研究会報告書〜地域における多文化共生推進に向けて〜」。姉妹提携数1551件。外国人登録者数 2,084,919人
2007	19	台湾高速鉄道開通（日本の新幹線技術発輸出）	「神戸海外移住者顕彰事業」のシンボル事業として神戸メリケンパークに「海外移住者像」完成。福田内閣「留学生30万人計画」登録外国の最多数が、韓国朝鮮人から中国人になる。姉妹提携数1562件。登録外国人数 2,152,973人（人口比1.69%、うち、中国人606,889人、韓国朝鮮人593,489人）
2008	20	洞爺湖サミット。リーマンショック。北京オリンピック。ブラジル移住100周年	ブラジル移民100周年。経済連携協定（EPA）に基づきインドネシア人看護師・介護士候補者導入開始。韓国慶尚南道知事、竹島問題を理由に岡山市との友好提携締結を突然延期し帰国。姉妹提携数1576件。登録外国人数 2,217,426人（人口比1.74%、うち、中国人655,377人、韓国朝鮮人589,239人）
2009	21	オバマ大統領、プラハ演説（核兵器のない世界を目指す）。政権交代、民主党、与党に。厚生労働省、日本の貧困率を15.7%と発表（先進国で最大）	フィリピン人看護師、介護士候補者導入開始。豪ブルーム市、姉妹都市の和歌山県太地町に、イルカ漁を理由として姉妹提携破棄を申し入れ（後に、ブルーム市が過ちを認め提携復活）。姉妹提携数1586件。登録外国人数 2,186,127人（人口比1.71%、うち中国人680,518人、韓国朝鮮人578,495人）
2010	22	平成大合併終了、市町村数1,727に激減。尖閣諸島で中国船が日本巡視船に衝突。ロシア・メドベージェフ大統領、国後島訪問。上海万博	外国人にも「子ども手当」支給。医療ツーリズムが新たな外国人客誘致策に脚光。中国陝西省が奈良県との友好提携延期。姉妹提携数1596件。登録外国人数 2,134,151人（人口比1.67%、うち、中国人678,156人、韓国朝鮮人565,989人）
		東日本大震災。原子力緊急事態宣言。東京から地方に一時移転する大使館も	被災外国人への他言語情報提供（仙台市、大津市等）。EPA協定に基づく来日外国人看護師、介護士の国家試験で合格者数が少

| 2011 | 23 | | ないことが問題に。大阪市、神戸市、水道事業でベトナムへ国際協力表明。京都府、外国人誘客に補助金支給。姉妹提携数1618件。登録外国人数 2,078,508 人（人口比、1.62％うち中国人 674,879 人、韓国朝鮮人 545,401 人） |
| 2012 | 24 | 韓国大統領竹島上陸。尖閣諸島をめぐり中国で反日暴動 | 外国人介護士試験合格率 38％（試験問題、難解漢字にふり仮名が一定の効果）。医療ツーリズム、治療費未納で帰国する客が多数 |

※国際交流協会等の名称は設立当初の名称であり、その後改称されたものがある。

主要参考資料
・榎田勝利「地域の国際化と地域国際化協会の沿革」
・『地域国際化協会のあり方に関する調査報告書』（自治体国際化協会、2000 年）
・『近代日本総合年表』（岩波書店、1968 年）
・歴史学研究会『日本史年表　増補版』（岩波書店、1993 年）
・中村正則・森武麿編『年表　昭和・平成史』（岩波書店、2012 年）
・『地方自治体の国際協力事業への参加　第 2 フェーズ　報告書』（国際協力事業団、2000 年）

<参考文献>

国際交流全般

長洲一二他・坂本義和著『自治体の国際交流』(学陽書房、1983 年)

阿部孝夫『国際化と地域活性化～その視点と進め方～』(ぎょうせい、1987 年)

石井米雄他『市民の目からみた国際化』(明石書店、1989 年)

臼井久和編『民際外交の研究』(三嶺書房、1997 年)

松下圭一『自治体の国際政策』(学陽書房、1988 年)

チャドウィック・アルジャー著・吉田新一郎編訳『地域からの国際化』(日本評論社、1992 年)

芹田健太郎『21 世紀の国際化論』(兵庫ジャーナル、2001 年)

毛受敏浩他編『草の根の国際交流と国際協力』(明石書店、2003 年)

榎田勝利編著『国際交流の組織運営とネットワーク』(明石書店、2004 年)

羽貝正美他編『自治体外交の挑戦』(有信堂、1994 年)

佐藤徹『自治体行政と政策の優先順位付け』(大阪大学出版会、2009 年)

多文化共生

駒井洋編『国際化の中の移民政策の課題』(明石書店、2002 年)

近藤敦編『外国人の法的地位と人権擁護』(明石書店、2002 年)

駒井洋・渡戸一郎編『自治体の外国人政策』(明石書店、1997 年)

駒井洋編『移民をめぐる自治体の政策と社会運動』(明石書店、2004 年)

駒井洋編『定住化する外国人』(明石書店、1995 年)

駒井洋編『多文化社会への道』(明石書店、2003 年)

広田康生『多文化主義と多文化教育』(明石書店、1997 年)

渡戸一郎『自治体政策の展開と NGO』(明石書店、1996 年)

駒井洋監修『自治体政策の展開と NGO』(明石書店、1996 年)

梶田孝道・宮島喬『国際化する日本社会』(東京大学出版会、2002 年)

梶田孝道『外国人労働者と日本』(日本放送出版協会、2001 年)

NIRA シチズンシップ研究会『多文化社会の選択』（日本経済評論社、2001 年）

宮島喬編『外国人市民と政治参加』（有信堂、2000 年）

江橋崇編著『外国人は住民です』（学陽書房、1993 年）

長尾一紘『外国人の参政権』（世界思想社、2000 年）

近藤敦『多文化共生政策へのアプローチ』（明石書店、2011 年）

近藤敦『新版外国人参政権と国籍』（明石書店、2001 年）

『自治体と定住外国人』（公職研、1995 年、『地方自治職員研修』臨時増刊号）

駒井洋監修、鈴木江理子編著『東日本大震災と外国人移住者たち』（明石書店、2012 年）

小林真生『日本の地域社会における対外国人意識』（福村出版、2012）

佐竹眞明編著『在日外国人と多文化共生』（明石書店、2011 年）

吉富志津代『多文化共生社会と外国人コミュニティの力』（現代人文社、2008 年）

関東弁護士連合会編『外国人の人権』（明石書店、2012 年）

川村千鶴子編著『移民国家日本と多文化共生論』（明石書店、2008 年）

小山内透編著『在日ブラジル人の労働と生活』（2009 年）

小山内透編著『在日ブラジル人の教育と保育の変容』（2009 年）

小山内透編著『ブラジルにおけるデカセギの影響』（2009 年）

移住労働者と連帯する全国ネットワーク編『多民族・多文化共生社会のこれから』（現代人文社・大学図書、2009 年）

エリン・エラン・チャン著、阿部温子訳『在日外国人と市民権』（明石書店、2012 年）

国際経済施策

（財）自治体国際化協会ニューヨーク事務所「観光客誘致における米国地方自治体の役割について」（Clair Report No.359〔March25,2011〕）

国土交通省「姉妹都市交流の観光への活用に関する調査報告書）（2005 年 3 月）

国土交通省「地域観光マーケティングマニュアル」（2006 年 2 月）

地域国際協力

　吉田均『地方自治体の国際協力』（日本評論社 2001 年）

　下村恭民他『国際協力〜その新しい潮流〜』（有斐閣、2002 年）

　江橋崇他監修『自治体国際協力の時代』（大学教育出版、2001 年）

　国際協力事業団 国際協力総合研究所『地方自治体の国際協力事業への参加

　　〜第一フェーズ〜』（国際協力事業団、1998 年 10 月）、同『第二フェーズ』

　　（同、2000 年 11 月）

索 引

あ行

移住　19, 20, 29, 30, 48, 99, 100
移住坂　30
イベント誘致　52
内なる国際化　18, 34
宇宙船地球号　34, 58, 84
埋立地　53
NGO　18, 19, 20, 22, 35, 36, 37, 48, 57, 58, 61, 90, 92, 93, 95, 97
NPO　16, 17, 33, 34, 36, 37, 57, 58, 61, 90, 95, 98, 101
ODA　22, 56, 57, 58, 59
岡山県　51, 80, 81, 88
岡山市　78, 79, 80, 81, 88

か行

海外移住　29, 30, 99
海外移住センター　30
外交　18, 19, 24, 26, 30, 45, 65, 67, 71, 76, 77, 80, 81, 84, 87, 100
外国人市民　21, 49
外国人市民会議　49
外国人住民　14, 15, 18, 20, 21, 23, 32, 33, 48, 49, 50, 89, 90, 92, 93, 94, 96, 98, 100
外国人住民会議　92, 94
外国人登録者　15, 16
外国人労働者　21
外国との交際、交流　45
外債　23, 24, 53, 54, 55
外資系企業誘致　52, 53, 70
海上都市　23, 53, 54, 55, 96
観光客誘致　21, 22, 52, 61, 84, 92, 94
韓国慶尚南道　81
韓国朝鮮人　15, 16, 33, 48, 70, 100
議員　45, 50, 77, 97
北朝鮮　74, 75, 76, 77

教員　30, 95
行政と民間の役割分担　89, 90, 91
CLAIR　31, 57, 59, 61, 65, 97
グローバリゼーション　13, 14, 15, 16, 17, 23, 32, 33, 34, 38, 52, 56, 83, 89, 97, 100
グローバル・リテラシー　17, 47, 60, 62, 70, 97
群馬県大泉町　98
神戸海外移住3点セット　30
神戸海外移住者顕彰事業　29
神戸市　23, 24, 25, 26, 29, 30, 39, 52, 53, 54, 55, 58, 59, 60, 61, 62, 63, 64, 65, 66, 67, 71, 72, 73, 74, 80, 81, 87, 95, 96
神戸市シルバーカレッジ　30
神戸市天津事務所　26
港湾技術顧問団　26, 59, 71, 80
港湾整備　53
国際化　18, 19, 20, 21, 30, 31, 34, 37, 38, 39, 47, 48, 57, 59, 61, 65, 67, 68, 80, 86, 87, 96, 97, 100, 108
国際会議　25, 52, 54, 55
国際関係学　22, 30, 87
国際関係のアクター　34, 35, 36
国際関係論　19, 30, 34, 61
国際協力機構　57, 59, 61, 97
国際協力推進大綱　57
国際経済施策　18, 21, 43, 52, 94
国際交流　18, 19, 22, 23, 25, 26, 30, 31, 38, 39, 43, 44, 45, 46, 57, 63, 68, 76, 83, 87, 91, 94, 95, 97, 99, 100, 108
国際交流地方の時代　25
国際交流のための環境整備　46
国際事務　14, 15, 17, 18, 19, 22, 23, 32, 34, 37, 38, 43, 44, 60, 89, 90, 91,

95, 96, 97, 98, 99
国際社会 13, 16, 17, 19, 30, 36, 57, 71,
74, 75, 76, 84
国際政策 13, 14, 19, 22, 23, 30, 32, 38,
39, 40, 42, 43, 60, 95
国際対応能力 17, 62, 70, 97
国立神戸移民収容所 30
互恵平等 26, 72
言葉の壁 15, 48, 90, 93, 96, 100

さ行

財源 57, 89, 96, 97
財源確保 96
在住外国人 39, 43, 49
境港市 74, 75, 76, 77, 88
JIAM 97
JET プログラム 67
事業仕分け 48, 89, 90, 91, 93
事業評価 46, 48, 61, 89, 90, 95
自己責任 13
自治体海外事務所 46, 47, 48
自治体外交 19, 30, 77, 87
自治体国際化協会 18, 21, 31, 39, 47,
48, 57, 59, 61, 65, 67, 68, 80, 86,
87, 96, 97, 100, 108
自治体国際化推進大綱 37
自治体国際政策 13, 14, 22, 23, 30, 32,
95
自治体姉妹提携 63, 64, 70, 73, 78, 83,
87
自治体の国際政策 19
自治体間連携 46
市町村 13, 14, 17, 30, 35, 42, 43, 44,
51, 63, 67, 68, 69, 87, 97, 101
市町村合併 13, 17
姉妹提携 32, 45, 59, 63, 64, 65, 66, 67,
68, 69, 70, 71, 73, 74, 78, 79, 80,
83, 84, 85, 87, 92, 99, 100
姉妹都市 22, 30, 32, 45, 46, 58, 63, 64,

65, 66, 71, 72, 74, 77, 78, 84, 87,
94, 99
市民運動 29
地元企業の海外進出支援 53
JICA 22, 47, 57, 59, 61, 97
住民啓発 92, 94, 96
住民との連携 51, 95
住民に最も近い政府 13
住民福祉の増進 14, 37
住民力 16, 17, 90, 95
首長 18, 32, 45, 46, 65, 73, 85, 100
職員 17, 19, 21, 28, 31, 46, 47, 48, 57,
58, 59, 60, 90, 97, 98
新竹市 78, 79, 80
進駐軍 99
スイスフラン債 54
制度の壁 15, 48, 90, 100
政府開発援助 18, 56, 57, 58
政令指定都市 31, 35, 38, 46, 88, 100
尖閣諸島 82
全国市町村国際文化研修所 97
選択事務 89, 91, 94
セントポール市 32, 45, 65, 66, 99
総領事館 29, 79, 83
総領事リレー講義 30
ソ連の自治体 73

た行

対外開放政策 26, 27, 72
太地町 83
台湾 58, 66, 78, 79, 80, 85
竹島 81
多文化共生 14, 18, 19, 20, 21, 23, 34,
38, 39, 43, 44, 48, 49, 51, 70, 92,
93, 94, 96, 98, 100, 101
多文化社会 20, 21, 70, 91
地域間連携 19
地域国際協力 22, 43, 56, 57, 58, 59,
60, 61, 72, 91, 94, 96, 100

地域国際交流協会 46, 100
地球市民 34, 57, 58, 83, 84
地方自治法 13, 35
地方分権一括法 13
中核市 35, 36
中国常駐事務所 23, 60, 72
中国人 15, 16, 27, 33, 52, 100
中国陝西省 68, 81
展示会 25, 52
天津市 26, 27, 59, 60, 63, 67, 71, 72,
　73, 80
ドイツマルク債 23, 54
東京都 32, 40, 41, 42, 43, 44, 66, 67,
　80, 99
東京都内区市町村 42, 43
徳島県松茂町 30
特例市 35, 36

な行

長崎市 32, 45, 65, 66, 99
奈良県 39, 68, 81, 82
日系ブラジル人 20, 100
日中初の友好都市 71
日本人住民 15, 49, 50, 96
ニュータウン 23
ニューヨーク市 32, 66, 99

は行

博覧会 23, 24, 25, 28, 54, 55, 72, 96
阪神淡路大震災 16, 18, 20, 28, 29, 33,
　36, 37, 58, 71, 101
東日本大震災 15, 19
必須事務 89, 91, 92, 94
ブラジル人 20, 33, 100
文化の壁 15, 48, 90, 100
平成の大合併 13, 17, 68, 69
ポートアイランド博覧会 24, 54, 72,
　96
ポートセールス 23, 28, 54, 60, 80

ボランティア 16, 17, 30, 33, 36, 37,
　51, 52, 57, 59, 90, 94, 95, 96, 98,
　101

ま行

MICE 52, 70, 84, 92
3つの壁 15
見本市 25, 52
民間 24, 25, 26, 27, 28, 36, 43, 46, 59,
　60, 77, 89, 90, 91, 92, 94
民際外交 18, 19, 67, 87, 100

や行

友好都市 26, 27, 59, 60, 63, 64, 71, 72,
　74, 75, 76, 77, 82, 87
優先順位 19, 37, 89

ら行

リガ 64, 66, 71, 73, 74, 77, 87
立命館大学 30, 87, 98
領事館 24, 29, 79, 83

あとがき

　本書の原案は、筆者の立命館大学における「自治体国際政策論」「地域国際関係論」の講義ノートである。立命館大学で筆者が担当した「総領事リレー講義：国際社会の中の日本と関西〜関西駐在外交官の視点〜」「市町村長リレー講義：わが町の国際政策を語る」の講義メモも大いに参考になった。全国市町村国際文化研修所（JIAM）での自治体職員向けの研修で得た多くのヒントも取り入れた。

　グローバリゼーションの進展で、ヒト・モノ・カネ・情報が、地球上を自由に駆け巡っている。自治体も国際的なかかわりを持たずに行政を円滑に進めることはできない。自治体は、世界を見据えた仕事を展開することにより、地域の個性と魅力を創出し、地域経済を活性化することによって「住民福祉の増進」を図ることが可能となる。国際社会とかかわりを持つことは、自治体にとり新たな可能性を開くチャンスでもある。

　かつての「国際交流をすることはよいことだ」という牧歌的な時代は終わった。自治体には、厳しい財源の中で、どの事務を優先的に行うのか、自治体と民間のどちらがどう分担するのか等の議論が必要となっている。「あれもこれも」から「あれかこれか」の選択が迫られている。

　拙著が、全国の自治体関係者の国際事務推進に、いささかでも役立つとすれば、それは望外の喜びである。

2012 年 10 月
芦屋六麗荘の研究室にて

【著者略歴】

楠本利夫　1942年生

芦屋大学臨床教育学部客員教授

立命館大学博士（国際関係学）。神戸大学経済学部卒業。神戸大学大学院経営学研究科中退。同大学院国際協力研究科研究員。神戸市職員（1969～2002）、立命館大学国際関係学部客員教授、芦屋大学臨床教育学教授・国際交流センター長を経て現職。

『増補　国際都市神戸の系譜』（公人の友社、2007年11月）

『国際都市神戸の系譜』（公人の友社、2007年5月）

『移住坂～神戸海外移住史案内～』（セルポート、2003年）

「自治体国際事業の事業仕分け」『国際文化研修2010夏、VOL.68』（全国自治体国際文化研修所、2010年7月）

「姉妹都市交流と外交」*"Multiculture & Peace"* Vol.3-2、Dec.2009, Multiculture & Peace Institute（Korea）

「地域社会と国際協力」『国際協力の現場から』（晃洋書房、2003年）等。

自治体国際政策論
～自治体国際事務の理論と実践～

2012 年 11 月 30 日　初版発行

著　者　　楠本　利夫
発行人　　武内　英晴
発行所　　公人の友社
　　　　　〒112-0002　東京都文京区小石川５－２６－８
　　　　　ＴＥＬ ０３－３８１１－５７０１
　　　　　ＦＡＸ ０３－３８１１－５７９５
　　　　　Ｅメール info@koujinnotomo.com
　　　　　http://koujinnotomo.com/
印刷所　　倉敷印刷株式会社